重森三玲

庭園の全貌

中田勝康 著・写真

学芸出版社

はじめに

重森三玲(明治29年〜昭和50年、1896〜1975)は作庭の革命児といえる。夢窓疎石、古岳宗亘、雪舟等楊、上田宗箇、小堀遠州などと比較しても全く遜色ない作庭家である。彼はほとんど全ての古典庭園の実測を行い、文献も調査した。古典庭園についての時代背景と個々の庭園の特徴を、ほぼ完全に把握していたと考えられる。重森は日本庭園について、過去のどの作庭家よりも多くの情報を持っていたのである。

彼は昭和11年からの3年間に全国の約300庭を実測し、同14年『日本庭園史図鑑』にまとめたが、そのうち243庭を同著で扱っている。重森は詳細な平面図、立面図を作成し、写真を撮影し、沿革を調べ上げてこれらを整理した。この地道な、しかも、膨大な時間と労力を費やした仕事が彼を大作庭家に育て上げたのだ。どれほどの才人であっても、いきなり東福寺本坊の庭を作ることは不可能である。しかし、現実に重森は作ってしまった。どうしてそんなことが可能だったのだろうか。

重森三玲筆「林泉」　　　　　　　　　　　　晩年の重森三玲

1──「永遠のモダン」の意味

重森のデザインは「永遠のモダン」だと評されることが多いが、実際には彼は古典庭園が持つモダンな部分に着目したのだ。ではそのモダンな部分とは何であろうか。重森は古典庭園が持つ抽象的表現こそが永遠のモダンであると解釈している。現代まで生き残った古典庭園は、自然界をそのまま写すだけではなく、何らかの形で自然界を抽象化しているからこそ生き残ったのである。

重森は独学である。古典庭園が彼の師匠であった。彼は古典庭園を実測する過程で、日本庭園の魅力が抽象化された自然にあることを見つけ出したのである。彼は「ありのままの自然を測ったのではなく、抽象化された自然を測った」のだといえる。

2──庭園芸術の宿命

庭園芸術の評価が難しい理由の1つは、素材が自然にある石、草木、砂、水であり、しかも、それらを使って造形されたものも、やはり何らかの意味で自然の風景であるという点にある。多少下手な造形であっても、山や川があり、自然らしく作られていれば、ある

程度の満足を得ることができるだろう。いわゆる自然の縮小コピーである。しかし、自然らしさを楽しむのであれば、自然そのものを楽しめばよいのであり、自然そのものに勝るものはない。庭園が芸術であるためには、自然の素材を使いながらも自然を超えた形を創造すること、言いかえるなら、あるがままの自然ではなく、人が感じた自然、単なる自然を抜け出した、自然を超えたものを創造することが必要である。

庭園と類似の芸術として生け花がある。素材は草木であって、神の作った自然そのものだ。この自然の素材で自然を超えた形を創作することは、一見簡単なようで非常に難しい。無造作に花を生けても、それなりに美しい情景を得ることができる。しかし、生け花が単なる自然ではなく芸術であるとすれば、花が自然から切り離され、改めて作者が作り上げた独自の自然が再構築されていなければならない。

作庭や生け花のように造形物が自然に近い分野の創作活動は、自然の素材で自然を超えた造形をする必要がある。できあがった造形物に感動を覚える理由は、生の自然の美しさにあるのではなく、その造形物に創造性があるからである。

明治時代になって日本庭園が急速に自然の風景を写すようになった理由は、日本人がそれまでの日本文化に対する自信を喪失したからである。伝統文化から離れることが進歩であると、人々は誤解したのだ。

重森が作庭と生け花の双方に興味を持ったのは偶然ではなく、人間の自然を再構築することに興味があったからにほかならない。彼が、終生生け花から離れなかったのは、鮮やかな色彩を持った彼の敷石を見れば明らかである。

造形芸術は、人間が加工してこそ芸術になるのである。

作庭家の宿命は、施主の要望に応える必要があり、作者の自由になりにくいことである。絵画や彫刻などの芸術作品は、自分の作りたい内容の作品を自由に作ることができる。しかし、庭園の場合は、あらかじめ施主の要望に従って、地形や庭園様式や費用などが決められている。与えられた条件を変更する余地は多少はあるが、絵画のように全く自由になるわけではない。この点で、庭園芸術はアトリエ芸術と違っている。

3 ── 重森を評価するために

重森は仏教、神道、道教といった宗教の研究も重ねている。それ故、彼の庭は「自然の風景を写しとる」のではなく、宗教的なテーマに従って創造されていることが多い。宗教的テーマなくしては成り立たないともいえる。写景的な庭から脱却して宗教的なテーマを掲げ、それを抽象的な手法で表現したところに彼の芸術の神髄がある。

重森の芸術を総合的に評価することは難しいが、幸いにも彼は多くの著作と約200に及ぶ庭を残した。この現物の庭こそが、彼を評価する最も有力な手がかりとなる。

そこで、筆者は公開社寺の庭はもちろんのこと、非公開社寺や個人庭園の調査にも力を注いだ。個人所有の庭の拝見は大変な苦労が伴う。しかし、重森の庭を評価するためには、半数以上を占める個人庭園を抜きにはできない。今回、多くの所有者の理解を得られたことに、著者として心から感謝したい。個人庭園は時代の変遷に左右され、維持管理にも膨

大な費用がかかる。個人庭園の半数近くの庭が、既に消滅または荒廃の危機に瀕している。今のうちに彼の作風を記録しておかなければ、彼の業績が後世に正しく伝わらない。

4 ── 八位一体の重森三玲

　筆者は重森三玲を尊敬している。彼は現代日本庭園の真の変革者だからだ。彼は明治29年岡山県に生まれ、少年時代から生け花、茶を始め、19歳で茶室も作った。

　東福寺の伝統的かつ革新的な庭は、昭和14年、彼が43歳の時の作品である。日本を代表する芸術である庭園は江戸時代になると、形式や手法をそのまま踏襲するのみで、創作がほとんど見られなくなった。古い庭のコピーである。重森は日本庭園を中心としたいわば「日本的芸術」の復興を目指したといえる。重森は、その人物像を一言で言い表すことができない巨人である。思いつくままに列記すると以下のようになる。

①作庭家：その生涯において作庭、改修した庭は約200庭。
②庭園研究家：庭園の地割や歴史に関する膨大な知識。昭和7年「京都林泉協会」創設。亡くなるまで会長であった。
③教育家：最も重要なことは、重森を慕うすべての人が心から弟子になったこと。
④実測家：昭和11年全国の庭園の第1回実測調査開始。『日本庭園史図鑑』(全26巻) 上梓、昭和14年完結。
⑤写真家：上記『日本庭園史図鑑』の写真 (銀板写真) は自ら撮影。
⑥著述家：昭和46年に不朽の名著『日本庭園史大系』(全35巻) 上梓。
⑦生け花研究家：昭和5年、勅使河原蒼風氏らとともに『新興いけばな協会』創設。
⑧茶道家：自由な創作茶を好み茶室を設計した。独特の初釜を開催。

5 ── 本書の構成

　本書は、「第一部　重森庭園の軌跡」、「第二部　古典庭園と重森枯山水」からなっている。
　構成内容については目次に詳しいが、重森庭園については、その分布図と詳細インデックスを目次の次に掲載した。

　第一部では、重森が生涯作庭した約200庭の中から、筆者が取材・研究した「現状で掲載可能な」113庭を、初出の個人庭園を含め作庭順に紹介している。昨今、重森の少数の有名庭園が紹介される機会は多くなったが、大多数を占める個人庭園についてはほとんど紹介されていない。個人庭園には、既に解体されてしまったもの、所在不明のものもあるが、取材が可能であった庭については、持ち主の方々に本書で紹介することの意義を認めていただき掲載が可能となった。

　第二部では、重森が綿密に実測調査した古典庭園が持つ特徴を紹介し、それを重森がどう捉えたかを考察し、作庭にどのような影響を与えたかを示した。詳しく読んでいただくと、「重森枯山水」が生み出される「奥義」が読み取れると確信している。

第二版の発刊によせて

　初版から9年、思いがけなく重版の運びとなった。
　第2版1刷作成のチャンスを得て、以下の内容を変更した。

1) 　新たに撮影できた2庭の差し替えを行った。
　・p.78の田茂井家Ⅰを村上家（島根県吉賀町）に差し替えした。村上家庭園は斬新な鶴島と「永遠のモダン」の特徴が顕著に表れている襖が多数ある。
　・p.120の光清寺庭園を横山家庭園（三重県菰野町）に差し替えした。横山家庭園は広大な抽象枯山水庭園である。石組み主体の庭と幾何学的な抽象造形が特徴である。
2) 　また、初版よりさらに庭園の特徴を示す写真が撮影できたものについては、一部写真の差し替えを行った。
3) 　初版出版後の情勢変化に対応して、国指定の名勝や登録記念物に指定されたものは、付記した。一方、庭園の消滅、所有者の変更、移設して復元等については、状況に合わせて情報を更新した。

　初版を上梓したあとも筆者の師・重森三玲への旅は続いている。この間改めて理解が深まったことは、重森の「永遠のモダン」についてである。
　抽象化度の高い造形は、古今東西を問わず「人類の普遍的価値に適合することである」。庭園においても古代庭園が劣っていて、現代庭園が勝っているわけでもなく、日本人の庭が優れていて、外国人の庭が劣っているとは限らない。要は抽象度の高い造形は万国共通の芸術的価値がある。蛇足ながら付け加えると重森は琳派に深い興味があったので、その影響を受けたヨーロッパ抽象主義思想を受入れたのであろう。
　とくに重森の抽象度の高い造景として、枯山水においても池泉庭園においても、護岸の扱いについて、独自の改革や工夫が感じらとられたので、そのことに注視して一部キャプションも書き換えた。
　加えて、重森の襖絵や庭園の独創的な造形の原点は、自身で創設した大学での講義録「現代美術思潮講義録」（大正12年重森27歳）にあったことがわかった。その中にマティスを「表現の単純化は形に於いてのみでなく、又色彩に於いてもそうであった」、カンデンスキーを「或る線条と色彩とを用いて自己の感情象徴したものでなくてはならない」と評している。その影響を重森は庭園では約20〜50年後に反映し、襖絵は約30〜50年後に自ら描いた。
　今回そのような庭園や襖絵の写真や、キャプションも増やしている。「単純化した直線と色彩」や「単純化した曲線と色彩」の襖絵、庭についても注目していただきたい。
　　　2018年8月

中 田 勝 康

『重森三玲　庭園の全貌』目次

はじめに 3
目次 6
重森庭園分布図 12
重森庭園インデックス 14
記載方針と記述内容について 16

第一部　重森庭園の軌跡 17

No.	庭園名	頁	西暦
001	重森生家【天籟庵】	18	1924
002	西谷家【旭楽庭】	19	1929
003	春日大社Ⅰ【三方正面七五三磐境の庭】	20	
004	四方家【海印山荘】	22	1934
005	正伝寺	24	
006	春日大社Ⅱ【稲妻形遣水の庭】	25	1937
007	東福寺本坊	26	
008	光明院Ⅰ【波心庭】	30	
009	芬陀院Ⅰ	32	1939
010	芬陀院Ⅱ	33	
011	普門院	34	
012	西山家【青龍庭】	36	
013	斧原家【曲水庭】	38	1940
014	井上家【巨石壺庭】	40	
015	村上家【曲泉山荘】	42	1949
016	小倉家【曲蔦庭】	44	1951
017	西禅院Ⅰ	46	
018	安田家【白水庵】	48	
019	西南院	49	
020	桜池院	50	1952
021	正智院	51	
022	石清水八幡宮Ⅰ	52	
023	光臺院Ⅰ	53	1953
024	西禅院Ⅱ	54	

番号	名称	頁	西暦
025	本覚院	55	1953
026	岸和田城【八陣の庭】	56	
027	少林寺	58	1954
028	笹井家	59	
029	河田家	60	1955
030	前垣家【寿延庭】	62	
031	瑞応院【楽紫の庭】	64	1956
032	龍蔵寺	66	
033	増井家【雲門庵】	67	
034	岡本家【仙海庭】	68	
035	越智家【旭水庭】	69	
036	越智家【牡丹庵】	70	1957
037	織田家【島仙庭】	72	
038	旧片山家（渡辺家）【和春居の庭】	74	
039	光明禅寺【一滴海の庭・仏光の庭】	76	
040	医光寺	77	1958
041	村上家【山泉居】	78	1959
042	桑田家【宗玄庵】	79	
043	小河家Ⅰ【廓然庵】	80	
044	栄光寺【龍門庵】	82	1960
045	旧臼杵家【露結庵】	84	
046	都竹家	85	
047	香里団地公園【以楽苑】	86	
048	瑞峯院【独座庭・閑眠庭】	88	
049	真如院	90	1961
050	林昌寺【法林の庭】	91	
051	山口家	92	
052	志度寺【曲水庭・無染庭】	94	
053	桑村家	96	1962
054	光明院Ⅱ【雲嶺庭】	97	
055	衣斐家	98	
056	四天王寺学園	99	
057	興禅寺【看雲庭】	100	1963
058	光臺院Ⅱ	102	
059	小河家Ⅱ【古今亭】	103	
060	旧有吉家【吉泉庭・旧有心庭】	104	1964

No.	名称	頁	西暦
061	小林家【林泉庵】	105	1964
062	龍吟庵【西庭・東庭】	106	
063	清原家	108	
064	安国寺	109	1965
065	北野美術館	110	
066	貴船神社【天津磐境の庭】	112	
067	岡本家	113	
068	西川家【犀庵】	114	1966
069	石清水八幡宮Ⅱ【鳩峯寮庭園】	115	
070	住吉神社【住之江の庭】	116	
071	浅野家	118	1967
072	横山家	120	
073	宗隣寺	121	1968
074	常栄寺【南溟庭】	122	
075	旧友琳会館【友琳の庭】	124	
076	中田家	126	
077	漢陽寺Ⅰ【曲水の庭】	128	
078	漢陽寺Ⅱ【蓬莱の庭】	130	
079	漢陽寺Ⅲ【地蔵遊戯の庭】	131	1969
080	漢陽寺Ⅳ【九山八海の庭】	132	
081	旧畑家(篠山観光ホテル)【逢春庭】	133	
082	天籟庵	134	
083	久保家	136	
084	霊雲院Ⅰ【九山八海の庭】	138	
085	正覚寺【竜珠の庭】	139	
086	田茂井家【逢仙壽】	140	
087	深森家	142	1970
088	竹中家	144	
089	屋島寺【鑑雲亭・坐忘庵】	145	
090	正眼寺【観音像前庭】	146	
091	霊雲院Ⅱ【臥雲の庭】	147	
092	旧重森家(重森三玲庭園美術館)【無字庵庭園】	148	
093	芦田家	152	
094	半べえ【聚花園】	154	1971
095	小林家	156	
096	信田家【泉岩庭】	158	

	西暦
097 石像寺【四神相応の庭】 ………………………… 159	
098 善能寺【仙遊苑】 ……………………………… 162	
099 豊國神社【秀石庭】 …………………………… 164	1972
100 志方家 ……………………………………… 166	
101 旧岸本家 …………………………………… 167	
102 泉涌寺妙応殿【仙山庭】 ……………………… 168	
103 漢陽寺Ⅴ【瀟湘八景庭】 ……………………… 169	
104 漢陽寺Ⅵ【曹源一滴の庭】 …………………… 170	1973
105 福智院Ⅰ【蓬莱遊仙庭】 ……………………… 172	
106 福智院Ⅱ【登仙庭】 …………………………… 173	
107 東口家 ……………………………………… 174	
108 千葉家【千波庭】 …………………………… 176	1974
109 八木家 ……………………………………… 177	
110 福智院Ⅲ【愛染庭】 …………………………… 178	
111 松尾大社Ⅰ【上古の庭】 ……………………… 180	
112 松尾大社Ⅱ【曲水の庭】 ……………………… 182	1975
113 松尾大社Ⅲ【蓬莱の庭】 ……………………… 183	

　　　　■■■一休庭談■■■敷石を鮮やかに甦らせる ………… 184

第二部　古典庭園と重森枯山水 …………………………………… 185

第一章　古典から学ぶ ……………………………………… 187

　1 ── 古典庭園の立体造形の手法 ……………………… 187
　　1・1 ── 池泉庭園 ……………………………… 187
　　1・2 ── 枯山水庭園 …………………………… 194
　2 ── 古典庭園の技法に学ぶ …………………………… 200
　　2・1 ── テーマ ………………………………… 200
　　2・2 ── 形 …………………………………… 202
　　2・3 ── 色彩 ………………………………… 204
　　2・4 ── 石組様式 ……………………………… 206
　　2・5 ── 素材 ………………………………… 208

第二章　重森の枯山水はなぜ刺激的か ……………………… 209

　1 ── テーマの必要性 ………………………………… 210

2 —— 抽象の難しさ ……………………………………………………218
　　　　2・1 —— 自然とは異なる人間の自然を抽象すべき ……………218
　　　　2・2 —— 抽象による創作庭園について ……………………………218
　　　　2・3 —— 枯山水の原点―土塀に囲まれた平庭の空間に小宇宙を作る ……219
　　　　2・4 —— 枯山水庭園の抽象度 ……………………………………219
　　3 —— 立体造形と平面造形 ………………………………………………222
　　　　3・1 —— 立体造形の手法 ……………………………………………224
　　　　3・2 —— 平面造形の手法 ……………………………………………232
　　　　　　　■■■一休庭談■■■杉苔の美を保つ ……………………………246

第三章　重森をより深く理解する …………………………………………247

　　1 —— 石組の奥義・秘伝 …………………………………………………247
　　　　1・1 —— 作庭記に基づく …………………………………………247
　　　　1・2 —— インスピレーション ………………………………………247
　　　　1・3 —— 有機的な石の繋がり ………………………………………248
　　2 —— 三要素を重森庭園にみる …………………………………………252
　　　　2・1 —— すぐれたテーマ ……………………………………………252
　　　　2・2 —— 地理的条件を活かす ………………………………………256
　　　　2・3 —— 動きを表現する ……………………………………………259
　　　　2・4 —— 龍安寺への挑戦 ……………………………………………260
　　　　　　　■■■一休庭談■■■白川砂の輝きを取り戻す ……………………264

第四章　芸術家・重森三玲 …………………………………………………265

　　1 —— 重森の意匠 …………………………………………………………266
　　　　1・1 —— 斬新なデザインの庭 ………………………………………266
　　　　1・2 —— 重森の池泉庭園 ……………………………………………268
　　　　1・3 —— 重森の露地と蹲踞 …………………………………………270
　　2 —— 各種のデザイン ……………………………………………………275
　　3 —— 復元・修復の庭 ……………………………………………………282

おわりに ……………………………………………………………………………283
謝辞 …………………………………………………………………………………284
本書掲載の古典庭園 ………………………………………………………………285
参考文献 ……………………………………………………………………………286

重森庭園分布図 （数字は掲載頁）

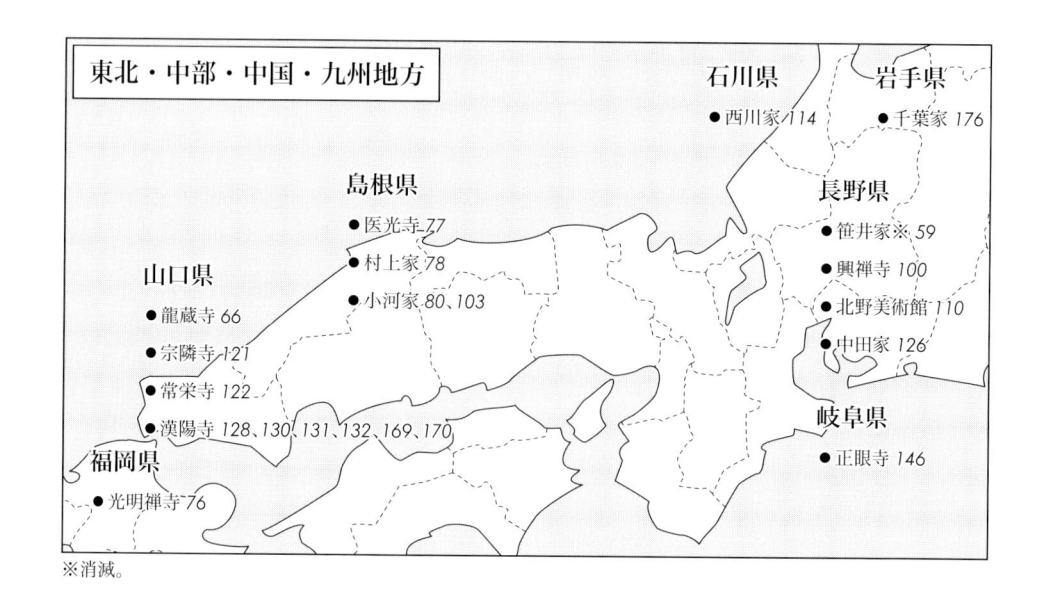

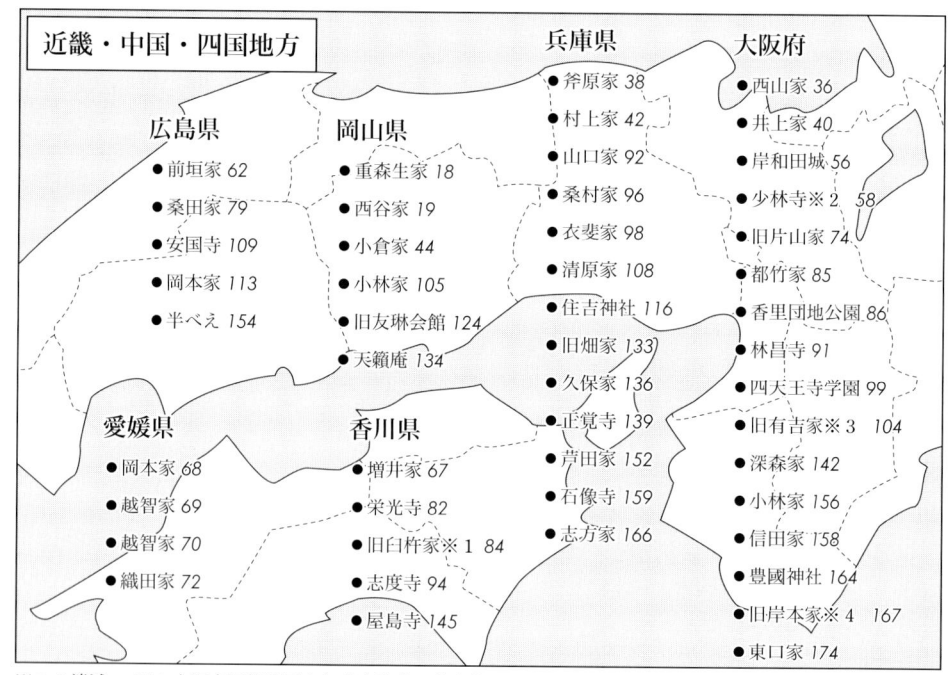

東北・中部・中国・九州地方

石川県
- 西川家 114

岩手県
- 千葉家 176

島根県
- 医光寺 77
- 村上家 78
- 小河家 80、103

長野県
- 笹井家※ 59
- 興禅寺 100
- 北野美術館 110
- 中田家 126

山口県
- 龍蔵寺 66
- 宗隣寺 121
- 常栄寺 122
- 漢陽寺 128、130、131、132、169、170

岐阜県
- 正眼寺 146

福岡県
- 光明禅寺 76

※消滅。

近畿・中国・四国地方

兵庫県
- 斧原家 38
- 村上家 42
- 山口家 92
- 桑村家 96
- 衣斐家 98
- 清原家 108
- 住吉神社 116
- 旧畑家 133
- 久保家 136
- 正覚寺 139
- 芦田家 152
- 石像寺 159
- 志方家 166

大阪府
- 西山家 36
- 井上家 40
- 岸和田城 56
- 少林寺※2 58
- 旧片山家 74
- 都竹家 85
- 香里団地公園 86
- 林昌寺 91
- 四天王寺学園 99
- 旧有吉家※3 104
- 深森家 142
- 小林家 156
- 信田家 158
- 豊國神社 164
- 旧岸本家※4 167
- 東口家 174

広島県
- 前垣家 62
- 桑田家 79
- 安国寺 109
- 岡本家 113
- 半べえ 154

岡山県
- 重森生家 18
- 西谷家 19
- 小倉家 44
- 小林家 105
- 旧友琳会館 124
- 天籟庵 134

愛媛県
- 岡本家 68
- 越智家 69
- 越智家 70
- 織田家 72

香川県
- 増井家 67
- 栄光寺 82
- 旧臼杵家※1 84
- 志度寺 94
- 屋島寺 145

※1、2 消滅。　※3 大阪市阿倍野区より泉大津市に移設復元。　※4 消滅。

京都府・滋賀県・和歌山県・奈良県・三重県

京都府
- 四方家 22
- 正伝寺 24
- 東福寺
  - ・本坊 26
  - ・光明院 30、97
  - ・芬陀院 32、33
  - ・普門院 34
  - ・龍吟庵 106
  - ・霊雲院 138、147
- 石清水八幡宮 52、115
- 河田家 60
- 瑞峯院 88
- 真如院 90
- 貴船神社 112
- 浅野家 118
- 田茂井家 140
- 竹中家 144
- 旧重森家 148
- 善能寺 162
- 泉涌寺妙応殿 168
- 八木家 177
- 松尾大社 180、182、183

滋賀県
- 瑞応院 64

三重県
- 横山家 120

奈良県
- 春日大社 20、25
- 安田家 48

和歌山県
- 西禅院 46、54
- 西南院 49
- 桜池院 50
- 正智院 51
- 光臺院 53、102
- 本覚院 55
- 福智院 172、173、178

13

重森庭園インデックス

○：公開、△：条件付公開、—：非公開

	所有者	No	郵便番号	住　所	電話番号	公開	頁
あ	浅野家	071		京都市北区		—	118
	芦田家	093		兵庫県尼崎市		—	152
	安国寺	064	720-0202	広島県福山市鞆町後地990-1	084-982-3207	○	109
い	医光寺	040	698-0011	島根県益田市染羽町4-29	0856-22-1668	○	77
	井上家	014		大阪市生野区		△	40
	石清水八幡宮Ⅰ、Ⅱ	022、069		京都府八幡市	075-981-3001	※1	52、115
え	栄光寺	044		香川県小豆島町	0879-82-0786	△	82
	衣斐家	055		兵庫県西宮市		—	98
お	岡本家	034		愛媛県西条市		—	68
	岡本家	067		広島県福山市		—	113
	小倉家	016		岡山県吉備中央町		—	44
	越智家	035		愛媛県西条市		—	69
	越智家	036		愛媛県西条市		—	70
	斧原家	013		兵庫県西宮市		—	38
	織田家	037		愛媛県西条市		—	72
か	春日大社Ⅰ、Ⅱ	003、006		奈良県奈良市		—	20、25
	河田家	029		京都府京丹後市		—	60
	漢陽寺Ⅰ～Ⅳ	077～080	745-0302	山口県周南市鹿野上2872	0834-68-2010	○	128～132
	漢陽寺Ⅴ、Ⅵ	103、104	同上	同上	同上	※2	169、170
き	岸和田城	026	596-0073	大阪府岸和田市岸城町9-1	072-431-3251	○	56
	北野美術館	065	381-0101	長野県長野市若穂綿内7963-2	026-282-3450	—	110
	貴船神社	066	601-1112	京都府左京区鞍馬貴船町180	075-741-2016	○	112
	旧有吉家	060		大阪府泉大津市		○	104
	旧臼杵家	045		消滅		—	84
	旧片山家	038		大阪府岸和田市		—	74
	旧岸本家	101		消滅		—	167
	旧重森家	092	606-8312	京都市左京区吉田上大路町34	075-761-8776	△	148
	旧畑家	081	669-2332	兵庫県篠山市北新町123	079-552-5200	○	133
	旧友琳会館	075	716-1192	岡山県吉備中央町豊野1-2	0866-54-1313	○	124
	清原家	063		兵庫県芦屋市		—	108
く	久保家	083		兵庫県伊丹市		—	136
	桑田家	042		広島県福山市		—	79
	桑村家	053		兵庫県多可町		—	96
こ	興禅寺	057	397-0001	長野県木曽町福島5659	0264-22-2428	○	100
	光臺院Ⅰ、Ⅱ	023、058	648-0211	和歌山県高野町高野山649	0736-56-2037	△	53、102
	光明院Ⅰ、Ⅱ	008、054	605-0981	京都市東山区本町15-809	075-561-7317	○	30、97
	光明禅寺	039	818-0117	福岡県太宰府市宰府2-16-1	092-922-4053	○	76
	香里団地公園	047		大阪府枚方市	072-841-1221	△	86
	小河家Ⅰ、Ⅱ	043、059		島根県益田市		—	80、103
	小林家	061		岡山県岡山市		—	105
	小林家	095		堺市堺区		—	156
さ	西禅院Ⅰ、Ⅱ	017、024	648-0289	和歌山県高野町高野山154	0736-56-2411	△	46、54
	西南院	019	648-0287	和歌山県高野町高野山249	0736-56-2421	△	49
	笹井家	028		消滅		—	59
し	志方家	100		神戸市長田区		—	166
	重森生家	001		岡山県吉備中央町		—	18
	四天王寺学園	056		大阪市天王寺区		—	99
	志度寺	052	769-2101	香川県さぬき市志度1102	087-894-0086	○	94
	信田家	096		堺市堺区		—	158

※1 石清水八幡宮Ⅰは条件付公開、Ⅱは公開。　※2 漢陽寺Ⅴは非公開、Ⅵは公開。

	所有者	No	郵便番号	住　　所	電話番号	公開	頁
し	常栄寺	074	753-0011	山口県山口市宮野下	083-922-2272	○	122
	正覚寺	085	669-2307	兵庫県篠山市般若寺	079-552-2339	△	139
	正眼寺	090	505-0008	岐阜県美濃加茂市伊深町 872-2	0574-29-1369	○	146
	正智院	021	648-0292	和歌山県高野山高野山 159	0736-56-2331	△	51
	正伝寺	005	603-8847	京都市北区西賀茂北鎮守庵町 72	075-491-3259	○	24
	少林寺	027		消滅		―	58
	真如院	049	600-8357	京都市下京区猪熊通五条上ル	075-811-0088	△	90
す	瑞応院	031		滋賀県大津市		―	64
	瑞峯院	048	603-8231	京都市北区紫野大徳寺	075-491-1454	○	88
	住吉神社	070		兵庫県篠山市			116
せ	石像寺	097	669-4302	兵庫県丹波市市島町中竹田 1003-1	0795-86-0153	○	159
	泉涌寺妙応殿	102	605-0977	京都市東山区泉涌寺山内町 27	075-561-1551	△	168
	善能寺	098	605-0977	京都市東山区泉涌寺山内町 34	075-561-1551	○	162
そ	宗隣寺	073	755-0067	山口県宇部市小串台	0836-21-1087	○	121
た	竹中家	088		京都市左京区		―	144
	田茂井家	086	629-3104	京都府京丹後市網野町浅茂川 112	0772-72-0307	○	140
ち	千葉家	108		岩手県奥州市		―	176
つ	都竹家	046		大阪市生野区			85
て	天籟庵	082	716-1241	岡山県吉備中央町吉川 3930-8	0866-56-7020		134
と	東福寺本坊	007	605-0981	京都市東山区本町 15-778	075-561-0087	○	26
な	中田家	076		長野県松本市		△	126
に	西川家	068		石川県金沢市		―	114
	西谷家	002		岡山県吉備中央町		―	19
	西山家	012		大阪府豊中市		―	36
は	半べえ	094	734-0047	広島市南区本浦町 8-12	082-282-7121	○	154
ひ	東口家	107		堺市北区			174
	深森家	087		大阪府豊中市			142
	福智院Ⅰ、Ⅱ	105、106	648-0211	和歌山県高野山高野山 657　※3	0736-56-2021	△	172、173
ふ	福智院Ⅲ	110	同上	同上	同上	△	178
	普門院	011	605-0981	京都市東山区本町 15	075-561-0087	○	34
	芬陀院Ⅰ、Ⅱ	009、010	605-0981	京都市東山区本町 15-803	075-541-1761	○	32、33
ほ	豊國神社	099	540-0002	大阪市中央区大阪城 2-1	06-6941-0229	○	164
	本覚院	025	648-0211	和歌山県高野山高野山 618	0736-56-2711	△	55
ま	前垣家	030		広島県東広島市		―	62
	増井家	033		香川県高松市			67
	松尾大社Ⅰ～Ⅲ	111～113	616-0024	京都市西京区嵐山宮町 3	075-871-5016	○	180～183
む	村上家	015		兵庫県西脇市			42
	村上家	041		島根県古賀町			78
	八木家	109		京都市東山区			177
や	屋島寺	089	761-0111	香川県高松市屋島東町 1808	087-841-9418	○	145
	安田家	018		奈良県奈良市		△	48
	山口家	051		兵庫県西脇市		―	92
よ	桜池院	020	648-0211	和歌山県高野山高野山 293	0736-56-2003	○	50
	横山家	072		三重県菰野町		△	120
	四方家	004		京都府長岡京市		―	22
り	龍蔵寺	032	753-0811	山口県山口市吉敷 1750	083-924-1357	○	66
	龍吟庵	062	605-0981	京都市東山区本町 15	075-561-0087	△	106
	林昌寺	050	590-0523	大阪府泉南市信達岡中 395	072-483-2705	○	91
れ	霊雲院Ⅰ、Ⅱ	084、091	605-0981	京都市東山区本町 15-801	075-561-4080	○	138、147

※3　当院宿坊利用者のみ鑑賞可能。

記載方針と記述内容について
①「第一部　重森庭園の軌跡」においては「公開」「非公開」「条件付公開」の区分をしたが、訪問する場合には必ず各自で確認をお願いしたい。
　条件付公開は、以下の場合である。
　・期間限定の公開（例えば春秋の特別公開など）
　・手紙または電話にて予約をとり、先方の都合のよい日に訪問
　・宿泊施設のため宿泊者のみに公開
　・住所、電話番号の記入のないものは各自で調べてください。
②公開されている寺社、美術館、公園の庭園等は極力記載した。
③非公開の個人庭園も可能な限り記載した。
④ほとんどの写真は本書出版のために、新たに撮影した。
⑤既に消滅した庭園や荒廃している庭園は、施主から写真の提供を受け、記載した。
⑥1カ所に独立した大きな庭が複数ある場合は、複数記載した（漢陽寺Ⅰ、Ⅱ等）。
⑦「第二部　古典庭園と重森枯山水」においては時系列的な考察を行っているが、既に消滅した庭や、調査不可能な庭もあるので、記述内容に多少時間のずれが生ずることもある。
⑧古典庭園の写真は、重森庭園と区別するためにその名称をゴチック体で示した。
⑨文中では「…である」と断定的な表現をしているが、これはあくまでも「現時点での情報に基づいて蓋然性が高い結論」ということである。重森の日記の公開、当事者の証言、調査不可能であった庭園の調査、など新しい情報が入手されれば、今回の判断や評価も当然修正されねばならない。
⑩文献や重森の記述を引用した時は楷書体を用いた。
⑪各時代の表記については、原則として重森三玲の分類に従った。

◆写真
第一部扉：小河家
第二部扉：浅野家

第一部 重森庭園の軌跡

001　大正13年/1924年（28歳）

重森生家　【天籟庵（てんらいあん）】　　岡山県吉備中央町　[非公開]

　荒削りながら迫力に満ちた枯山水庭園で、自宅の茶室前に作ったもの。将来の質実剛健な雰囲気がすでに感じられる。

　重森はよほどの理由（例えば施主が既存の池泉庭園の存続を希望）がない限り枯山水様式の庭を作り続けた。なぜ枯山水にこだわったのかは、この庭からだけでは回答が得られないであろうが、じっくり観察したい。

　生家はやや小高くなった場所にあるが、築山の上に石を3段に組み、その上に端正な姿の2石を大徳寺大仙院風に直立させている。

　石組の前には実際の川を流す代わりに、白砂による抽象的な川を流した。デフォルメされた大河がとうとうと雄大に流れている姿はまことに美しい。すでに重森の個性が現れている。

当初の枯流れ（写真提供：重森家）

将来を予感させる、荒削りながら迫力のある処女作

002　昭和4年/1929年（33歳）

西谷家　【旭楽庭 (ぎょくらくてい)】　岡山県吉備中央町　[非公開]

　当家は崖の上にある。33歳の重森はどのような思いでこの場所に庭を作ったのであろうか。当時の機動力を考えると、石を西谷家の敷地内に運び込むだけで、相当の労力を要したはずだ。

　庭園は向かって右側に低い築山を設け、まずそこに鋭い角を持つ石を立てている。そこから左方向に次第に石を低くしていき、中央部が最も低く、さらに左に向かって今度は高くなっていく。いずれの石も鋭い角を持つ石で、すでにこのときから重森らしさを十分に感じ取れる庭である。

　初期の作品から立石がある。重森は後に全国の庭園を実測調査し、立石が本来の日本庭園の美しさの源であることを発見するのだが、すでに自宅の処女作や当西谷家の作庭の段階でも、立石が造形を豊かにすることを会得していた。

見晴らしのよい高台にある庭

立石と角のある石の庭

003　昭和9年/1934年（38歳）

春日大社Ⅰ　【三方正面七五三磐境の庭】　奈良県奈良市　非公開

　昭和9年と12年に作られた春日大社の庭は真の意味で重森の処女作といってもよい。この庭を研究することは彼の創造の秘密に迫ることである。重森の畢生の大作といわれる東福寺本坊方丈庭園の5年前に作られたのが、この春日大社の庭である。テーマを持ち、そのテーマに因んだ石組をし、かつ造形も生の自然ではなく人間が感じた自然である。

　実は筆者は、重森が作庭家として自立できたのは全国の古典庭園を実測調査し、研究をしたからだと思っていた。しかし実測調査前に作られたこの庭園には自然にはない造形、すなわち作者自身の自然が反映されている。昭和9年に春日大社に提出した重森自筆の「作庭記」を要約すると、以下のように書かれている。彼の「枯山水主義」宣言である（重森三玲著『作庭記』春日大社蔵）。

　神社庭園なので上代日本の天津岩境を基本とし、すべて山石を用い、立石とした。
　神社であることに因みテーマを七五三とし、三方正面とした。
　中央の五石は春日神社祭神などに因んだ。
　配石の線は神社であることから直線とした。
　全庭の七割を苔庭とし、前方三割を傾斜線による直線の白砂敷とし、超自然的様式にした。

　驚くことに「テーマをとらえ、超自然の造形を作ること」により、芸術的庭園となることを宣言している。5年後の東福寺の庭のエッセンスがすべて含まれているといえる。例えば白砂と苔地が斜線によって区切られていること、荒々しい石の立石、自然界には存在しない直線の配列など。

　七五三石組の手法であるが、「三方正面七五三磐境の庭」は約10m四方の平地に、七・五・三・三・七の25石の立石が組まれている。石をX字形に組むことにより、三方のどの方向から見ても奥行きが感じられ、かつ七五三の石が手前に見えるのだ。簡素でありながら力強い立体造形が得られる。

　この庭は古典に範をとっておらず、重森が抽象的な配石手法を研究していたことが解る貴重な庭である。

北側から見たX字状の配石

貴賓館(西側)から見た七五三の磐境。斜めに区切られたデザインは東福寺の先駆けで、直線は超自然の証

磐境の中心部

004　昭和9年/1934年（38歳）

四方家　【海印山荘】　京都府長岡京市　非公開

　重森の庭は、誰が見ても彼が作ったとわかるものがほとんどであるが、唯一の例外といえるのがこの四方家である。この庭は、全体としては第七代小川治兵衛風である。しかし、鶴島には白砂が敷き詰められ、坪庭も図面に見られるように、片身替りの意匠など完全に重森風である。

　二人の天才が関与した唯一の作品なので今後の研究を期待したいが、小川風と重森風の混交している原因を推測してみよう。

　小川の作風は一世を風靡していた。そのため施主が既に小川風を好んだ（作庭者が重森に代わっても自然主義的な庭を求めた）。または作庭を頼んでいた小川が亡くなったため重森に発注されたが、設計図をはじめ、かなりの材料が既に小川治兵衛風で用意されていた。重森の作風はまだ完全には確立されておらず、時代を反映して小川風であった（確立したのは、全国実測調査(昭和11〜13年)後の『日本庭園史図鑑』発表以降）などである。

自然石風の丸い石で組まれた滝　重森の庭では他にこのような滝組はなく、興味が湧くところである。滝の前に巨石の橋が架かっていて、滝壺から池にかけては自然石風の石が配置されており、小川治兵衛作の平安神宮、円山公園、慶沢園の風景を思わせる

自然風景のような石組

滝口から池への流れ

晦庵外観

豆石を平行に置いた腰掛け待合前の敷石

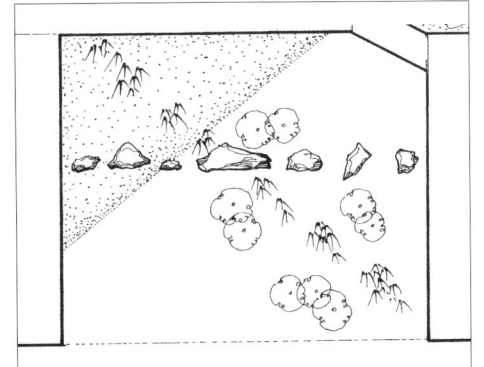

母屋の坪庭　当家で最も重森らしい空間。一直線に7石が並び、笹が対角線状に一筋植えてあり、それに直交するように、白砂と苔で模様をつけている。個人住宅に寺院の坪庭を取り入れた、重森の坪庭の原点（重森三玲・重森完途著『日本庭園史大系27』p111 部分）

鶴島　鶴島は創作であり重森の面目躍如。この島は白砂が敷き詰められていた。護岸がセメントで固められ、表面に白砂が敷かれた島は意表をつく。西芳寺の島には白砂が敷き詰められていたと言われているが、重森は抽象度を高めるためその手法を採用

005　昭和9年/1934年（38歳）

正伝寺　京都市北区　公開

　サツキの刈り込みを七五三とし、その後方の霊峰比叡山を借景としている。南禅寺本坊にゆかりが深く、その庭との類似性が指摘されている。この庭にも南禅寺、龍安寺同様「虎の子渡し」の伝承がある。虎は3匹の子を産むと、そのうち1匹は彪（ひょう）であり、母虎がいないと他の虎の子を食ってしまうとのことである。そこで川を渡る時は、まず彪を先に渡しておいて、次に虎の子を1匹渡して彪を連れて帰り、次には彪を残して別の虎の子を渡し、最後に再び彪を渡す、という伝説である。

　なお、当寺では「虎の子渡し」ではなく「獅子の子渡し」と伝えられている。重森補修の庭。

霊峰比叡山が夕日に映える雄大な風景

右から七五三になっているサツキの刈り込み　重森の補修前は白砂部分に石組があったが、重森がその石の下を調べると、最近の瓦が出てきたため、石組は後世のものと判断し撤去された

春日大社Ⅱ 【稲妻形遣水の庭】 奈良県奈良市 非公開

昭和12年/1937年（41歳）

　当庭は春日大社における二作目の庭である。一作目同様革新的で、遣水を大胆にデフォルメしたデザインである。この庭も重森の独創で古典庭園から範をとったものではなく、その後の彼の作品にも大きな影響を与えている。当庭の新規性はデザインのみならず工法にもある。遣水の水路は何と洗い出しによって作られている。この工法は出島にアクセントを付けたり、彩色の効果があるため終生用いられた。なお、当初はこの遣水はポンプによって水が流されていたが、水路が劣化したため、現在は白砂による遣水に修復された。

　塀と貴賓館に挟まれた細長い敷地を利用した庭園で、稲妻をテーマとしている。遣水のパターンをZ型にして、稲妻を表しているところも重森の創作であるが、テーマどりのうまい重森は、春日若宮の龍神信仰に因み稲妻にテーマをとりZ型にしたのだろうか。このデザインは、抽象度合いが高いため応用範囲が広く、松尾大社などでも用いられている。

上流側から見る2つの稲妻形の遣水

下流の稲妻形の遣水

007 昭和14年/1939年（43歳）

東福寺本坊　京都市東山区　公開　国指定名勝

　日本庭園の革命児、重森三玲の名を世に知らしめた代表作である。東福寺は鎌倉時代創建の禅寺である。重森は禅寺にふさわしい質実剛健な庭を作った。方丈南庭は5.5mの長石を中心とした4つの石組群で四神仙島を表し、さらに白砂で荒海を表現している。一方、正面右側には苔に覆われた築山で五山を表し、巨石群と対比させて厳しさを和らげている。

　入口から廊下を歩くと、いきなり度肝を抜く景色が飛び込んでくる。林立した石柱群、荒々しい表情の黒々とした巌。これがこの庭のすべてである。一見無造作に見える石組も緻密に計算されている。

　石組は意味なく置かれているのではなく、古典から引用した四神仙島（蓬莱（ほうらい）、方丈（ほうじょう）、瀛州（えいしゅう）、壺梁（こりょう））を表している。四角く囲まれた土塀の中に鋭い角を持つ立石と、前代未聞の大きさの横石を組み合わせたその造形は秀逸である。なお、四神仙島の名前については、作庭直後の重森三玲の著書では左より瀛州、蓬莱、壺梁、方丈と記されており、一方戦後の著書（重森三玲・重森完途著『日本庭園史大系27』p120）では、左より方丈、蓬莱、瀛州、壺梁となっている。本書では後者に従って記載した。

　また、向かって右側には五山を象徴した築山があり、そこを切り裂くように斜線が描かれているが、重森は自然にはない造形により超自然の庭にした。当庭は日本庭園全体の中でも最高傑作といえる。テーマ、抽象、造形ともに最高度である。

南庭　四神仙島の石組群は手前から方丈、蓬莱、瀛州、壺梁。当寺の方丈は、この庭の他に「井田の庭」「市松の庭」「北斗七星の庭」で囲まれている

左の奇怪な石は蓬莱山

左から方丈、蓬莱、瀛州、壺梁の四神仙島は海洋に浮かぶ島であるが、護岸の石組をしていない

五山を象徴した築山　斜線で苔地と白砂が区切られているが、自然にない直線を採用し芸術の証とした

西庭の「井田の庭」　サツキの植え込み端面は上記五山の斜線と直交している

北庭の「市松の庭」 敷石と苔による斬新なアイディア。苔と切石の「ぼかし」にも注目

東庭の「北斗七星の庭」 東司（便所）の柱の余石を利用

光明院Ⅰ 【波心庭】 京都市東山区 公開

昭和14年/1939年（43歳）

　静かで心温まる庭である。当院は東福寺の塔頭だが、この庭が東福寺本坊と同時に作られたとは信じられない。本坊庭園が荒々しく、厳しく、剛健である一方、この庭はやさしく、優美だ。この庭のやさしさの秘密は3組の三尊石組にある。三尊石の中央の如来から光明が発しており、すべての石は光明の線上に配置されている。一見無造作に感じられる配石もしっかり統制されており、それが我々が安心して観賞できる秘密である。庭園名の「波心庭」は禅語の「雲は嶺上に生ずることなく、月は波心に落つること有り」による。またサツキの大苅込は雲紋を象徴していて蘿月庵（らげつあん）の月の意匠が雲から出て波心の庭に月が映っている様を表している。

　次にこの庭の特徴は洲浜模様である。中央部では白砂により海洋を象徴し、その周囲を美しい洲浜が取り巻いている。枯山水において海洋の風景を洲浜で象徴した初めての作品であり、彼のその後の作品に多大な影響を与えた。洲浜といえば毛越寺や天龍寺が有名であるが、それらのように広大な池庭でなくても、重森は枯山水の池に洲浜の美しさを表現した。

洲浜には飛沫に見立てた栗石がある

中央の三尊石　中心から発せられた光明の線上に石が組まれている

3組ある三尊 「雲は嶺上に生ずることなく、月は波心に落つること有り」を意訳すると、「嶺の上に雲がないので、月は池に映って揺らいでいる」となり、「波心庭」「雲嶺庭」「蘿月庵」が結ばれる

枯山水の庭に初めて洲浜を持ち込み、日本庭園の原点である海洋風景を象徴した。護岸石組の全くない枯山水式池泉庭園の見立ては斬新で、重森庭園基礎が築かれた

芬陀院 I （ふんだいん）　京都市東山区　公開

009　昭和 14 年 /1939 年（43 歳）

　当院は伝雪舟作の庭であるが、2度の火災に遭って相当荒廃していた。重森は、『日本庭園史図鑑』に収録するために昭和12年に行った当院の実測と、雪舟が山口に作った常栄寺庭園の実測資料に基づき復元を行った。一条家墓地拡張のために失われていた鶴島を、一石も補充することなく甦えらせたのである。

　なお、二重基壇の亀島の中心石も、近くに倒れていたものであるが、重森によって蓬莱山式石組に復元された。

二重基壇の亀島

鶴島（左側）は常栄寺と同様に羽を折りたたんでいる姿に組まれている

| 010 | 昭和 14 年 /1939 年（43 歳）|

芬陀院 II　　京都市東山区　公開

　伝雪舟作の庭とは別に、重森が作った新しい庭がある。庭は院内に散在していた石のみで作られた。一見すると小さな石が無造作に置かれているようであるが、注意深く見ると、直線状の石組と楕円状の石組がある。重森は著書の中で、当庭は自作の鶴亀石組であると記している（重森三玲・重森完途著『日本庭園史大系 7』p25）。奥の直線状に見える部分の左側が鶴島であり、手前の楕円状の石組は亀島となる。亀島は中央に向かって亀頭石があり、右奥には亀尾石がある。

手前の松を中心とする亀島と奥の左側石組が鶴島で、右側は蓬莱連山と解釈できる

鶴島（左）と蓬莱連山　　　　　　　　　　　　　　亀島

011　昭和 14 年 /1939 年（43 歳）

普門院　京都市東山区　公開

　東福寺山内の通天橋を渡った先に、開山堂と普門院に囲まれた庭がある。この庭は江戸時代初期に作られたのであるが、やや荒廃したので、重森によって修復された。

　普門院の書院正面の山畔には枯滝が2つあり、その手前には鶴島亀島が並んでいる。鶴島には羽根石が2本立っている。一方、亀島には蓬莱山を象徴する洞窟型の石が2つある。

　鶴島と亀島越しに2つの枯滝を眺めることができる豪華な庭だ。

山門前の亀島（右）と鶴島（左の立石）

鶴島の羽根石越しに見える枯滝

開山堂側の豪華な枯滝

山門近くにある枯滝と石橋

西山家 【青龍庭】 大阪府豊中市　[非公開]　国指定登録記念物

　東福寺本坊庭園は昭和14年に作られた枯山水庭園であるが、その翌年には個人の邸宅にも枯山水庭園を作ったことになる。しかもこの庭は元は池泉庭園であった。

　重森は昭和9年と12年に春日大社の庭を枯山水で作ったのを皮切りに、東福寺、当家の庭を枯山水で作った。当初から日本庭園は抽象度の高い枯山水庭園にすべきとの強固な意思があったと思われる。重森は古典を十分に研究しており、枯山水の原点ともいうべき大徳寺大仙院や酬恩庵、南宗寺の庭の気風がこの庭にも漂う。当庭園の特徴は、枯山水回遊式で、かつ独創的な様式だということである。三尊式の龍門瀑をテーマとし、鯉魚石の鯉が変身し、龍になった様を表しているとも解釈できる。白砂による川の流れを、化身した龍の姿に見立てた庭は他には見当たらず、全くの独創である（ただし、現時点においては鯉魚が龍に化身した造形は常栄寺、碧巌寺、徳島城（千秋閣）にあることがわかってきた）。

　S字形をした龍は庭内を所狭しと暴れまわり、天に上昇しようとしている。庭は建築と一体になっており、各部屋からそれぞれの趣を楽しむことができる。

青石の舟石

S字形の川に架かる橋

最上段の滝　まさに龍にならんと鯉魚石が飛翔する

慈照寺向月台のような砂盛りを取り囲む石柱群

茶室から望む奥行きの深い庭園

灯籠と立石前の流れ手水

片身替りのデザインの栗石敷石

昭和15年/1940年（44歳）

斧原家　【曲水庭】　兵庫県西宮市　非公開

　東福寺本坊庭園の翌年に作られた独創的な庭である。この作品は、曲水をデザイン化したもので、まさに抽象芸術である。従来の日本庭園では伏せた石が松の根のあたりにポツンとあるのが一般的であった。しかし当庭では、曲水の奥にある築山に厳しい表情の青石を林立させ、緊張した雰囲気を醸し出している。この石組のポイントは三尊石前にある鯉魚石であろう。まさに飛翔した瞬間の鯉である。

　この曲水の抽象的デザインは、他の庭には見られない。曲水といえば当然水が流れているのであるが、ここでは水に頼らない枯曲水を演出している。重森は創作の初期から枯山水にこだわった。高密度の石群は、従来の庭園に範をとることができない。過去の類似した部品を寄せ集めたのでは、創作のエネルギーが沸いてこない。一切の模倣を拒否し、完全に独立したアイディアを抽出する気概がこの庭にある。

すっきりとパターン化した曲水と築山の石組

初期作品である本庭にすでに出現している立石群

38　第一部　重森庭園の軌跡

2本の出島によりデフォルメされた枯曲水のデザイン

龍門瀑

庭園のスケッチ（重森三玲・重森完途著『日本庭園史大系27』p137）

　重森は出島の強調と庭園の動きについて、以下のようにいっているが、桂離宮の出島の灯籠が思い起こされる。「手前の出島には、小松五本を直線状に配して、書院の廊下を歩きながら一覧すると、築山方面の石組や植栽が、一種のリズミカルな動きを見せるのである。そしてこの出島の先に石燈籠一基を配して、出島を更に強調したのであった」（重森三玲・重森完途著『日本庭園史大系27』p137）。しかし、この庭を特徴づけていた上記スケッチの灯籠は盗難に遭って、実在しない。

井上家 【巨石壺庭（こせきこてい）】　大阪市生野区　条件付公開　大阪市指定名勝

　昭和15年に西宮の斧原氏、豊中の西山氏と同様に、三越百貨店の建築家岡田孝男との縁で井上氏も茶室と庭園を作った。重森の京阪神地区への進出の、初期の作品である。重森は枯山水に特別の興味を持っていた。寺院方丈の南側というものは白砂を敷き詰めて、川、池、草木や石組もない平滑な空間とするのが一般的である。そこに庭園を作るとすれば、まずは龍安寺のような石庭になるのであろう。

　個人の住宅における枯山水庭園はどうであろうか。普通は、個人所有の庭には水が流れ、草木が植えられた様子が想像できる。確かに池があり、草木の緑があれば一応庭らしきものはできる。作品の出来不出来はあっても一応の安らぎを得ることができ、満足を得ることになる。しかし重森は、それでは植木屋を潤おすことはできても、芸術としての庭に値しない、と主張する。

古典庭園には見られない激しく林立する立石群

小さな空間に禅の気風がみなぎった蹲踞庭園

当初は庭園の横に茶室があったが、戦災に遭って全焼し、この庭も瓦礫に埋もれてしまった。一般の住宅であれば、この小さな庭を撤去して新しい家を建てたであろう。しかし当家では重森とこの庭自体に対する愛情があり、石組を残した。
　露地であるが禅庭園といえるほど厳粛である。蹲踞(つくばい)を抽象化した造形は他に例がなく、森厳な雰囲気を漂わせた傑作である。当庭の造形は西芳寺の龍淵水に由来していて、手水鉢を中心としてすり鉢状になった聖なる空間である。林立する石は小さいが、鋭いエッジのある青石が環状に配置され、不思議な雰囲気が漂い、「市中の山居」の趣だ。庭は小さくても大きく感じられる。重森の創意のみなぎった珠玉の一作である。

入口側から見た石組　手前にある欠損部のある石と蹲踞の鋭い鏡石には禅の気風がただよう

蹲踞　手水鉢の左側の前石から左回りに湯桶石、鏡石、手燭石がある

西芳寺龍淵水　坐禅石の左側にある石を蹲踞の要素として象徴的に取り入れた

015　昭和 24 年 /1949 年（53 歳）

村上家　【曲泉山荘】　兵庫県西脇市　非公開

　当庭には複雑に入り組んだ枯山水の池があり、そこに蓬莱連山が幾重にも重なり、幻想的である。戦後初めての作品のためか、高価な青石や巨大な石、奇妙な形をした石が少ない。しかし、庭とは名石、巨石、奇石によるものではなく、複数の石が相互に組み合わされて全体の造形がなされるべきであることを、この庭は語っている。

　戦時中や戦後の混乱期にも重森は構想を練り続けており、当庭には幾つかの初めての試みがなされた。庭のテーマは龍門瀑（加古川の下流にある「闘龍灘」はまさに龍門瀑だ）と神仙蓬莱であり、特徴は３つの神仙島が苔の洲浜に縁取られた枯池に浮かんでいることである。白砂の中に神仙島を配置し、そこに自由に石を立てることができるのである。池を穿たずに島を築くこの手法は、立体造形を得ることができ、重森のその後の庭にも多く採用されている。次の特徴は苔地の洲浜と軒内の丹波石による直線状の敷石が併設されていることである。この時点では敷石は洲浜と分離されているが、その後昭和 30 年に前垣家の庭では洲浜模様となって一体化する。当庭は軒内に洲浜のある枯山水庭園の原点といえる。この独特の洲浜は以後多くの庭で敷石が採用されたが、庭に奥行きを出す効果があり、重森独自の手法である。神仙島への石組と洲浜形枯山水様式は、東福寺の本坊と光明院の庭を合わせた方式といえ、重森の以後の作品や現代日本庭園に大きな影響を与えた。青石の延段、蹲踞も目新しく、舟石、七五三の石組もある。

峨々たる滝に飛翔せんとする鯉魚石（手前）

蓬莱島と龍門瀑

洲浜模様と3神仙島（設計図提供：村上家）

青石による玄関へのアプローチ

奥に鏡石を立てるのが重森の特徴

軒内の敷石　直線状であるが、洲浜形敷石の源流である

016　昭和26年/1951年（55歳）

小倉家　【曲嶌庭（きょくとうてい）】　岡山県吉備中央町　非公開

　重森の故郷にある自然の真っ只中に、忽然と人工的な造形物が現れる。自然から隔離された一画に、人間が作った作品がある。しかも、石・白砂・苔の三要素のみ。素材も形も超自然である。これぞ「芸術」といえる。

　なぜ当庭が岡山県の山奥に存在し続けることができたのであろうか。それは施主の庭園に対する愛情と献身の賜物であることはいうまでもないが、この庭が、人工的な造形物が超自然的であることを主張しているからであろう。不思議な空間で、一言でいえば「龍安寺の庭に幾分安らぎを加えた庭」である。すなわち龍安寺の庭をコンパクトに圧縮し、石の周りに苔を植えて、個人住宅にふさわしい安らぎを与えている。

　配石を技術的に観察すると、立体造形を得るために石組を無秩序に行うのではなく、三神仙島（蓬莱、方丈、瀛州）の上に石を組み、統制と拡散のバランスをとっている。重森の龍安寺への挑戦の第1作目である。

重森による「曲嶌庭」の書

龍安寺を彷彿とさせる書院左側から見た神仙島の石組

借景の庭　大自然の自然美と人工界の造形美の拮抗関係から新たな美が生まれる

俯瞰写真で石組みを見ると海洋に浮かぶ神仙島には護岸石組の意図がないことがわかる

017　昭和 26 年/1951 年（55 歳）

西禅院 I （さいぜんいん）　和歌山県高野町　条件付公開　国指定登録記念物

　重森が既存の池庭と、岩盤を利用した枯山水をそれぞれ改修した庭である。前者には、小さな滝を登ろうとしている鯉魚石がある。後者は縁側と山裾の間の岩盤を背景とした厳格な庭である。三尊石は角張った石により組まれ、厳しい表情である。

　重森はこの庭を皮切りに、高野山の 10 寺院に 13 庭を作った。技術的、経済的に重森の飛躍の糧になった。また軒内の敷石は、青や赤の石を使い、初めて色彩的な表現を試みた。画家を志し、終生花を楽しんだ重森の面目躍如である。この軒内の敷石は当初の設計図には記載されていないが、昭和 28 年に露地を作った時の作成と思われる。

3 段になった峡谷を鯉魚が登る

池泉庭園を重森が改修

色彩豊かな敷石　桂離宮の延段からヒントを得たのだろうか

青石による軒内敷石の最初の試み　後に岡本家、衣斐家、小林家、福智院、松尾大社でも採用された

三尊石・岩盤・小さな青石による敷石

三尊石と向かい合うもう一組の三尊石

横から見た三尊石　稜角を持つ石は重森好み

018　昭和27年/1952年（56歳）

安田家　【白水庵】　奈良県奈良市　条件付公開

　当家は長らく春日大社の氏子総代を務めた旧家である。そのため池泉式の庭に面した茶席や書院では、各分野の文化人が集い文化や国家について論じていた。

　旧庭は中央にやや大きめの池泉があり、その周りを室町時代風の古式な地割が取り巻いている。重森は旧庭の地割を変更することなく、ポイントになる石組を行った。

重森が作った、池のほとりにある石組

重森が組んだ茶室入口の三尊石

第一部　重森庭園の軌跡

西南院 (さいなんいん)　　和歌山県高野町　条件付公開

昭和27年/1952年（56歳） 019

当院の庭園は、重森が高野山で作った初めての本格的庭園であると同時に、戦後作った中で最も規模の大きい庭である。以前から池泉式の庭があったためか、重森には珍しく池泉式である。改造前の写真から明らかなように、広大な敷地の中央に大規模な池を作り、迫力のある鶴島亀島をおいた。また重森の終生のテーマである自然な形の龍門瀑がある。地割は洲浜が美しい曲線を描いており、護岸は豪快な石組の美が楽しめた。

庭はその後改造されたため、現在の状態から重森の作風を論じることは難しい。しかし、幸いにも龍門瀑部分は改造されておらず、地割も不変のため、重森らしさを確認することができる。

改造前の写真　鶴島（左）と亀島、右奥に龍門瀑が見える（重森完途著『日本庭園の思惟』p38）

山畔より自然の滝　滝口は滝添え石の間の凹部にあり、安定した構図である。滝の後ろには豪華で重厚な3石の遠山石がある

桜池院 (ようちいん)　和歌山県高野町　条件付公開　国指定登録記念物

昭和27年/1952年（56歳）

　石、白砂、わずかの苔の三要素よりなる枯山水。龍安寺の様式を最も忠実に踏襲した15石の庭である。この庭の張り詰めた空間は、塵1つなく掃き清められている。その前に佇むと、龍安寺のように厳しい雰囲気の中にいる自分に気がつく。

　重森が三要素のみによる枯山水の純粋さに気がついたのは、もちろん龍安寺の庭を見た時である。それを具体的な形にした初めての庭は、郷里の小倉家庭園(昭26)であろう。そのときに石組の周りに少しの苔を置くことで随分雰囲気が柔らかくなることを実感した。

　桜池院の場合は寺院の庭なので苔を少なくし、玄関前の厳粛な雰囲気を損ねないようにしている。重森が苦労したと思われる点は、高野山の庭には自然界との区切りの塀がないということである。超自然的な造形物が自然界に飲み込まれないようにするために、背後の石楠花との距離を長くとった。この横一直線に配列された緊張の庭は、中央に龍安寺そっくりの蓬莱山、その左右に鶴島、亀島を配した点で重森の枯山水を理解するうえで必見である。

端正な美しさが溢れている

手前の石は龍安寺の右側手前の石組に似ている

凛と張り詰め一直線に並んだ石

正智院

和歌山県高野町　条件付公開　国指定登録記念物

昭和 27 年 /1952 年（56 歳）

　何といっても巨大な明神岩を抜きにしては、この庭を語れない。重森はこの明神岩を主役に据えて、その手前に石組を行った。その昔、空海が密教の道場を探しているとき、今の五条市周辺で2匹の黒犬を連れた狩人に出会った。この狩人こそが高野山の地主神（高野明神・狩場明神）であり、彼に導かれて高野山に道場を開いた。空海は、既存の宗教である神道をも包含して仏教を広めた。そのため伽藍の中に明神社があり、今でも「御社」と呼ばれて丁重に祀られている。

　峨々たる明神岩の前に北宋画風の石組をし、周辺には苔と白砂で洲浜をかたどっている。テーマは「磐座を背景とした水墨画風の庭」である。ただし、磐座があまりにも圧倒的なため、重森の庭にしては遠慮気味な石組となっている。本物の磐座と競争するのではなく、高野の神に合わせているのである。神の力を借りた厳粛な庭。

磐座である高野明神

雲海に浮かぶ高野山の峰々を象徴

石清水八幡宮 I 京都府八幡市 条件付公開

　社務所の書院前にあるこの庭は、重森の理想「三方を壁に囲まれた平地に石と白砂のみで作ること」そのものの龍安寺式庭園である。このような庭は抽象性を最も高くすることができるからである。重要文化財の灯籠を入れて15石が石組されている。しかし、存在感のある石灯籠付近の小石が実に重要な役割を演じている。

　この空間は禅寺でいえば方丈南庭のような広場で、年間に100回以上も神官約10名が列立し参進する場所である。そのため中央部の要石はやや中心からずらしてある。また、この庭は戦後まもなく、物資の乏しい時代に作られたため、山上の路傍から得た石を使用した。

重森理想の空間

灯籠左下の小石は、灯籠付近とその対角線の石組(写真手前)とを有機的に繋げている。また庭園中央の小石は全体の要石であり、右下の小石は龍安寺東端の小石の役割

023　昭和28年/1953年（57歳）

光臺院 I 　和歌山県高野町　条件付公開　国指定登録記念物

　当庭は池泉、優美な曲線、岩島、滝および護岸の石組からなっていたが、現在は涸池になっている。注目すべきは旧書院から見て対岸左手の滝組である。この滝はいわゆる龍門瀑様式で、鋭い形をした巨大な鯉魚石が3段目の滝を登らんとしている。滝の形はやや変形で、龍門瀑を横から望むようになっている。小ぶりで紫がかった紀州の青石をふんだんに用いている。次に注目すべきは池護岸の洲浜形のデザインである。出島は向かって左側に5つ、右側に4つもあり、松尾大社などの原型であり貴重だ。さらにこの庭の特徴は多くの三尊石組と大きな石による七五三石組である。実に見どころの多い庭だ。

鯉魚石は栗石による2段目の滝まで登り、最後の滝に挑戦

松尾大社「曲水の庭」の原型の出島

書院前の七五三石組

024　昭和28年/1953年（57歳）

西禅院Ⅱ　　和歌山県高野町　条件付公開　国指定登録記念物

　この茶庭は、枯山水の創作庭園である。淡青色の石柱群が中央の立石を意識して林立している。手前は一面苔で、奥の蓬莱連山に向かって一列に石が並んでいる。当庭の平面造形の特徴は、10群もある石組であり、庭園を周遊すると立石による立体造形が限りなく変化する。この手法は、同年の岸和田城で完成する。山畔にも石組があり、手前の石柱群を一層奥行きのあるものにしている。さらに注目すべきは蹲踞で、重森の特徴である正面の立石がある。

　小ぶりながら地元和歌山の青石を用い、清楚で躍動的な石組だ。

雲海に浮かぶ霊峰を象徴

石柱群に囲まれた聖なる蹲踞　西芳寺の龍淵水に見立てれば、右奥の平たい石が坐禅石となる

025　昭和28年/1953年（57歳）

本覚院　和歌山県高野町　条件付公開　国指定登録記念物

　重森が高野山で作った7作目の庭である。庭園が作られる予定の場所は本堂裏の回廊に囲まれた所で、回廊よりも高い位置にあった。当時は自然林が茂っていたが、重森はこの変則的な場所での作庭に意欲を燃やした。まさに「災い転じて福となす」である。回廊を巡りながらの観賞となるので、目の錯覚を利用して石が上下左右に動くようにした、と重森は記している。ただし宿坊建設時に庭園周辺が約1m切り取られたため、現在は定かでない。

　当庭の醍醐味は回廊を巡りながら観賞すると約10群ある石組が重なり合って変化する点である。

石柱群の重なる景色

回廊を歩くと動いて見える亀島石組

026　昭和 28 年 /1953 年（57 歳）

岸和田城　【八陣の庭】　大阪府岸和田市　公開　国指定名勝

　「八陣の庭」は昭和28年7月着工、同年12月に完成した。庭は重森の創作による独特の石庭である。広大な空間を1つのテーマでまとめきるのは至難の業であるが、試行錯誤の末たどり着いたのが「八陣の庭」であった。8つの陣ともそれぞれの陣を象徴した独立の構造を組み、かつ中央の大将陣や他の陣とも関連している。このテーマの選択こそが「八陣の庭」を不朽の傑作にしているのである。また、一草一木もない枯山水の抽象性や剛健な立体造形が圧倒的な存在感を演出している。

　天守閣から見ると、従来の日本庭園にはなかった斬新な平面造形を示す。一方立体造形は、庭園を回遊しながら手前の陣と奥に見える大将陣などを組み合わせて観賞すると、さながら万華鏡を見るように石組が変化する。当庭の平面造形は画期的であり、また連続する立体造形も、いかなる古今の庭園にも類似点を見出すことができない傑作である。

　八陣の名は、中国の諸葛孔明の陣構えからとったものである。石組は大将陣を中心として、周りに天・地・風・雲・龍・虎・鳥・蛇の各陣を配し、象徴的に石組している。庭は3段構えで、各段は約20cmの高さとし、中央にある蓬莱山を表現している。庭園様式は豪華な石組を用いる室町・桃山の手法を現代感覚にアレンジしたものである。

天守閣から俯瞰すると一層この庭の雄大さが実感できる。重森は「飛行機から見ることができる庭」を意識したそうであるが、天守閣からの眺めは素晴らしい。見事な平面造形だ。写真下部の石組より時計回りに、蛇陣、雲陣、龍陣、風陣、鳥陣、地陣、虎陣、天陣となる。重森のモダンがヨーロッパ抽象主義の影響を受けていることを、端的に表現された庭。

「八陣の庭」と天守閣

鳥陣越しに望む大将陣

少林寺 　大阪市中央区　　消滅

　現住職に聞くと、戦後まもなくのころ重森は龍安寺をよく訪ねていたが、当時住職もまだ修行の身で龍安寺に居られ、重森といろいろ話をされたそうである。そして、その数年後に少林寺を担当することになったが、何とそこには重森の庭があった。先代の住職が重森に作庭を依頼されたということである。

　当初、庭は枯山水であったが、住職が夏場の照り返しに閉口して植栽をしたのだそうだ。手前には3石、中間に5石、後ろの列は7石である。約10m四方の小さな庭であるが、書院から見ると山並みが三層重なっているようで奥行きが感じられる。立石、伏石、横石が吟味され配置されている。小さくとも奥行きがあり、深みのある庭であるが、ビル建築により消滅した（屋上に一部復元予定）。

前列には鶴島を象徴した白石

後列は7石

前列に3石の鶴島、中列に5石の亀島、後列に7石の蓬莱連山

笹井家 長野県松本市　消滅

　笹井家の茶室は表千家宗匠の作であるが、露地は重森が作った。残念なことに庭は、昭和43年市街化区域の整備により取り壊されてしまったので、笹井家から提供された写真で重森の露地を再現する。

　露地が曲水式なのは大変珍しいが、さらに曲水の中に流れ手水があり、重森の新奇なものへの挑戦の気概が感じられる。

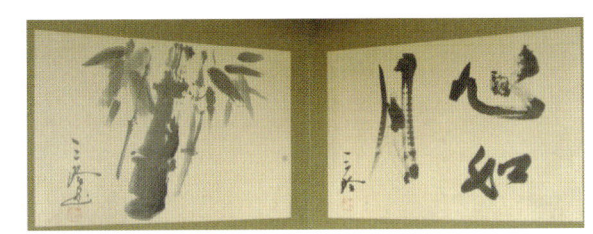

屏風に描かれた重森の水墨画（写真提供：笹井家）

曲水式の露地と左中ほどに見える流れ手水（写真提供：笹井家）

河田家 京都府京丹後市 [非公開]

昭和30年/1955年（59歳）

　かねてよりあった旧庭の石を使って作庭した。重森にとっては苦労があったと思われるが、努力の甲斐あって、簡素ながら質実剛健な庭が生まれた。特に枯滝とその前の石組には深山幽谷の趣があり、大徳寺の禅庭の気風が漂う。庭への門を開けると正面に枯滝の石組があり、その迫力に吸い寄せられる。枯流れの中ほどには出舟があり、変化にとんだ洲浜模様とあいまって浦島伝説のあるこの地方の海岸美をよく表している。

　好感の持てる庭とは、特別の名石を使わずとも、作庭家と家人が意気投合して組んだ庭をいう。中央の巨石は旧庭では飛び石であったが、掘り起こしてみるとゴツゴツした面が出てきて面白かったので、その面を表にした。重森はインスピレーションに従っていつも短期間で仕上げるが、参考までに河田家の石組の日程を河田家の記録から拾うと、以下のようになる。

5月11日　到着後直ちに庭石を掘り起こし、石組にかかる。
5月12日　石組完了。
5月13日　茶庭を一日で完了。
5月14日　椿の古木を掘り起こし、枯滝の背後に植える。
5月15日　地模様を作る。
5月16日　苔が到着。直ちに貼り付け作庭完了。

門を開けると、苔地の洲浜、鞍馬石の敷石、舟石が見える

中央の石がこの空間を支配する。圧倒的な存在感

露地と待合　右側に背の高い桂垣を作り、待合の前には障子を入れて俗界の夾雑物を排除した

030　昭和30年/1955年（59歳）

前垣家　【寿延庭】　広島県東広島市　非公開　国指定登録記念物

　見た瞬間、誰もが魅了される美しさである。三方から見ることができる閉ざされた空間に、楚々として立つ麗人を見る思いだ。何か懐かしく、郷愁がこみ上げてくる。植栽と大きな川石が背後に控え、複雑な形の出島には清々しく苔が茂っている。前列には角張った石が組まれており、手前の空間には舟石が書院に向かっている。建物と大海の間にはデフォルメされた洲浜が敷かれている。

　奥に野筋があり、左右から互い違いに出島が作られ、景観を豊かにしている。出島は極端に長細く、高低があり、洲浜様式で全体として霞形である。

　特別に高価な石は用いておらず、材質に頼らない石組の面白さが現れている。重森の初期の特徴であり、清新さが感じられる。後ろの巨石は旧庭にあったものであるが、手前にある角張った石は前垣家の山から掘り出したもの。重森はこの角張った部分で自己の表現をした。特に立石と横石の組み合わせは彼の出世作である東福寺本坊のそれを彷彿させる。

　前面にある空間は、余白の美ともいうべきか。瀬戸内海を象徴する洲浜は大きく湾曲し、そのデザインの卓抜さに重森の原点を見る。従来の日本庭園には見られない手法であり、重森のオリジナルである。これは鞍馬石の洲浜模様のうち最も初期の作品と思われる。この空間の要になるのが舟石で、この一石で庭園が動き出し、物語が始まる。

　なお、坪庭の石組は小さい庭だからこそ凛とした姿が美しく、重森の抽象の世界が現れている。将来必ず注目される作品である。

母屋から見た全景　手前より洲浜模様の敷石、大海を行く舟石、3段構成の石組

奥の三尊様式の枯滝は旧庭の石を右に傾けて変化を持たせ、両端に小さいが鋭い立石を用いて前の石組に関連させる。手前には輪郭のはっきりした石で三尊石組を組んだ。重森はこの石を探すのに当家の山に何回も入った。石が決まれば庭はできたも同然だ

最も抽象性の高い坪庭

瑞応院 【楽紫の庭】 滋賀県大津市 非公開

昭和31年/1956年（60歳）

　本庭は、比叡山の山田恵諦大僧正と重森の出会いにより生まれた。昭和9年の風水害の折、日吉川の上流から大きな石が転がり落ちてきた。大僧正はこの石を何とか庭石にと思っていたが、あまりにも大きな石ゆえ動かすことができなかった。20年あまりの歳月を経た昭和31年、重森がこの石を使い作庭することになった。作庭の着想は、恵心僧都が日想観により感得した「阿弥陀聖衆二十五菩薩来迎図」である。大僧正はこの構想を大変喜ばれたそうである。

　当庭に対する穏やかな親しみはどこから湧いてくるのだろうか。中央の阿弥陀如来の安定感や、肩を寄せ合ってその阿弥陀如来に向かう石組の立体造形も一因であるが、最も重要な要素は宗教に根ざしたテーマと高度な抽象性である。

　重森作品の傑作であるこの庭の石組の特徴は、躍動そして自由である。またテーマが雲の中から現れる「阿弥陀聖衆二十五菩薩来迎」であるから、苔地は雲の形を動的に表現し、さらに軒内の敷石は雲紋を表している。

　玄関前に七五三の「如々庭」がある。

中央の阿弥陀如来と、その周りの二十五菩薩と九眷族を合わせた三十四諸尊

右の白い石が観世音菩薩、左端が勢至菩薩

初めて試みた雲紋敷石と湧き上がる雲を表す苔地

龍蔵寺　山口県山口市　公開

　山口市には常栄寺があり、伝雪舟作庭園の最も濃密な地域だ。その山奥に龍蔵寺があるが、ここにも伝雪舟作の庭があり、重森が補修した。川沿いの山畔の地形を巧妙に利用している。上流から水を山畔に導入して、細長い池を作り、護岸に石を組み、また対岸には出島を設けてそこに石組をしている。

左側山畔の石組は常栄寺風。右側の石組は重森風

手前には板状の石が林立　左奥石組は鶴亀島を兼ねている出島

033 昭和31年/1956年（60歳）

増井家　【雲門庵】　香川県高松市　[非公開]　国指定登録記念物

　特徴は何といっても中潜りをもつ茶庭である。閉ざされた空間の中央部に、衝立のように立っている。現在では表千家の代名詞ともいえる中潜りである。表千家の場合、茶席は書院席なので中潜りが躙口の役割を果たす。重森は茶室前の空間を書院から遮蔽し、見え隠れする茶室を想像させる目的で中潜りを設置した。

　次の見所は書院前の枯山水庭園である。深山幽谷を表す庭湖石（中国の洞庭湖の石に由来する）状の石を中心とした石組である。この石は蓬莱山を表すといわれ、腰掛待合横の蹲踞と合わせて観賞する。

　その他、香東川の棒石による洲浜と五剣山産出の敷石とで二重の洲浜を作った。

　増井家の先代の松枝氏は、茶道・生け花を始めとして水墨画も描く趣味人であった。イサム・ノグチが重森とともにパリのユネスコ本部庭園用の石を探しに四国に入ったとき、阿波国分寺を皮切りに増井家も訪れ（右下写真）、保国寺には松枝氏も同行した。

「雲門庵」の中潜りと下地窓

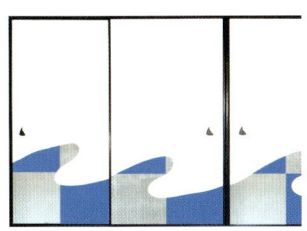

波涛型の襖模様（部分・復元案）

四方仏の手水鉢

書院で語らうイサム・ノグチと重森（写真提供：越智信男氏）

岡本家　【仙海庭】　愛媛県西条市　非公開

昭和32年/1957年（61歳）

　立石が林立する庭。小ぶりな青石が密集して立ち、石柱の背後を塀で囲み、自然界との関係を遮断している。重森の理想とする抽象度の高い庭である。石庭といえば龍安寺を思い出すが、龍安寺よりわかりやすい造形だ。わずかに世俗を感じるのは最高級の舟石である。鋭い角を持つ石、触れば切れそうなこの一石で庭園に動きが出る。

　洲浜は青石を使った最も初期のものであるが、デザインとしては完全に確立している。後によく使われる鞍馬石ではなく、当地の青石を使っている。画家を目指したことのある重森は色彩を好み、青石による洲浜は衣斐家、有吉家、福智院、松尾大社でも採用された。

　やや小規模の庭であるが、重森の傑作の部類に入る。塀越しに見える自然とは別の超自然の美しさである。抽象性は抜群で、自由な造形と凛と張り詰めた空気は、禅寺にいるのではないかと錯覚させる。

完成直後（写真提供：岡本光由氏）

日本一の舟石

青石による洲浜模様

035 昭和32年/1957年（61歳）

越智家 【旭水庭】 愛媛県西条市 [非公開]

　一般家庭でも重森の庭を持つことができるという好例であろう。小さいことは庭の質が劣るという意味ではない。小さい空間に立石が縦横に遊んでいる。低い築山が出島模様を描き、洲浜は瀬戸内海の洲浜模様を表している。この洲浜模様は、モルタルを用いた初期の例であり、高い抽象度をめざした。

　なお、西条市には重森の庭がある越智家が2軒あるが、当庭は三玲夫人の実家である。

洲浜に囲まれた枯山水

居間から望む青石による石組　右下は舟石

越智家 【牡丹庵】　愛媛県西条市　非公開

　重森は茶室、露地から、本棟の書院にいたるまで、彼独自の世界で満たした。露地は瀬戸内海と石鎚連山を模した石組とし、手水鉢は鎌倉中期の宝篋（ほうきょう）印塔の笠部を逆さにして、立ったまま用いることができる桃山期の様式とした。このように重森が本格的に茶室を作り、露地もあわせて作った例は少ない。また、工事中に重森がイサム・ノグチを当家に案内し、彼に茶室と露地の作りかたを講義したという点でも、注目される。

　イサム・ノグチはパリのユネスコ本部の日本庭園を作るために四国の青石を探しに来たが、重森はその際、阿波国分寺、保国寺などを案内した。

　玄関は重森の最も初期の切石延段作品であるが、もともと当家にあった自慢の大きな敷石を大胆にもカットして敷き直したものである。

蹲踞より石鎚連山を象徴した石組を望む

昭和32年4月18日、越智家座敷にて重森より講義を受けるイサム・ノグチ（写真提供：越智信男氏）

越智家自慢の大御影石を桂離宮の「真の飛び石」にヒントを得て変形多角形の延段にした

牡丹庵の躙口と連子窓、上が日月星の小円下地窓

躙り口の外には立蹲踞、珍しい円窓

茶室の「牡丹庵」に因んだ白牡丹の花弁を重森好みの銀色と紺色の格子模様で切り抜く（中田復元案）

71

織田家 【島仙庭】 愛媛県西条市 非公開

　西条市には重森の庭が4庭もある。いずれも個人所有の個性的な庭である。織田家の庭は豪快な石と比較的小さな青石が融合した庭である。そして特筆されるのは見事な洲浜だ。棒状の青石を敷き詰めた洲浜は圧巻である。愛媛県にも青石が産出するとはいえ、これだけ粒のそろった棒状の青石を探すのは大変苦労があったと思われる。四周を洲浜で取り巻きその中に大小3つの島がある。島には巨石が4石あるが、今治の旧宅にあったものだ。

林立する大小の石と周囲を取り巻く洲浜

大小の石が程良く融合している

西条市は瀬戸内海に面しているので、3つの島は中国・四国・九州とも言える。奥の立石と横石は霊峰石鎚を象徴している

棒状青石による洲浜形の敷石は日本一絢爛豪華

038　昭和 32 年 /1957 年（61 歳）

旧片山家（渡辺家）【和春居の庭】　大阪府岸和田市　非公開

　重森は高さ 3m、長さ 80m の壁に困惑した。書院から枯山水庭園を見ると壁が覆いかぶさってくる感じを受ける。そこで考えついたのがこの背後の壁に水墨画を描くことである。庭の石組と調和するような水墨画は景観に奥行きを与えるユニークな手法である。

　次の特徴は二重洲浜である。軒下と玄関からの敷石には丹波鞍馬石の洲浜があり、さらにその先には思い切りデフォルメされた苔地の洲浜がある。なお、設計図からよくわかるが当庭は俯瞰して楽しむ庭であり、岸和田城庭園との類似性が見られる。

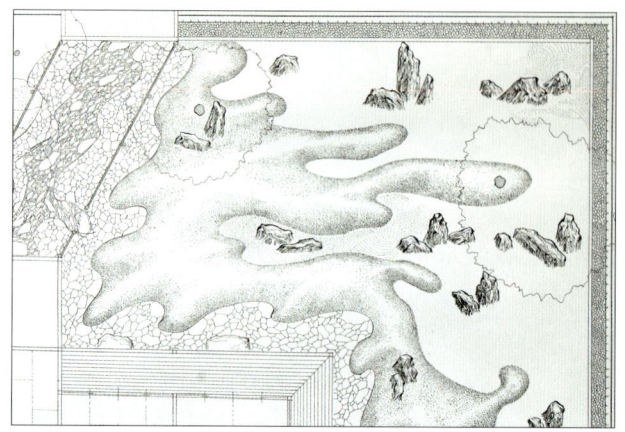

重森の設計図では二重洲浜が一層際立つ（設計図提供：渡辺家）

俯瞰して撮影した苔地の洲浜

壁に描かれた水墨画（白黒写真提供：渡辺家）

74　　第一部　重森庭園の軌跡

躍動的な巨石群

2階から撮影した庭園の中央部

光明禅寺 【一滴海の庭・仏光の庭】　福岡県太宰府市　公開

昭和32年/1957年（61歳）

聖一国師円爾が中国から帰朝して創建した寺である。庭園は、東福寺の縁で重森が作った。山畔が迫ってくる広大な敷地に、苔による洲浜を周囲にめぐらせている。海洋を表す白砂には檀家から寄進された石が岩島のように散在している。重森らしい個性的な石組は少ないが、ゆったりとした雰囲気の庭である。新緑や紅葉の季節には大変美しい。

「光」の字形の配石であると同時に三尊石かつ七五三の庭

白砂、苔地の洲浜とモミジの緑の奏でる緑陰が我々を静寂の世界に引き込む

重森がこのような静かな庭を作ったとは驚きである。重森庭の新たな発見だ

医光寺 島根県益田市 公開

昭和33年/1958年（62歳）

　雪舟が作ったのではないかといわれている庭の1つであり、重森が修復した。誰が作ったにせよ、この亀島が背負っている石組は豪快なものだ。本庭は亀島と鶴出島が揃っており、蓬莱の庭である。本堂正面の垂直の壁に聳え立つ枯滝の迫力はすばらしい。この壁のように垂直な滝組があるのはここ以外では、同じ益田市にある萬福寺だけである。

　石組は立石を中心としているが、亀島の護岸には横石が用いられ、雪舟寺として名高い常栄寺の庭を彷彿させる。重森によりこの滝と護岸が修理された。以前の実測により、重森はここで立石と横石の扱いを学んだのであろう。

左下の鶴出島と三尊石組の枯滝

東部から望む亀島

村上家　【山泉居】　島根県古賀町　非公開

昭和34年/1959年（63歳）

本邸の庭園（特に白鶴島）や曲水の露地は唯一無二の独創造形。各室の襖絵は絢爛豪華。

村上家が集めた石による亀島、蓬莱山

玄関前の軒下から始まる洲浜模様

施主が集めた石で造園することになったが、そのもどかしさから新工法で鶴島を創作した

表具の切りくず紙のみの造形

重森は大正12年発刊の『文化大学院　現代文化思潮講義録』第一回第十三号の中にアンリー・マチス（1869〜1954）を以下のように述べている。「それが為に表現の単純化は形に於いてのみでなく、又色彩に於いてもそうであった。そしてこの色彩は線とは強く共鳴し合った」。上記は重森の心に深く刻まれ、後世のモダンの原点となった。

円窓の左右に幾何学模様

古式の附け書院を再現

曲水の露地

桑田家 【宗玄庵】 広島県福山市 非公開

昭和34年/1959年（63歳）

　斬新な庭である。意表をつく6mもの横石。重森が当家を訪れた際、かつて大戸のレールが敷かれていたこの石が目に留まったそうだ。重森は閃き、早速この石を使うことにしたが、平滑な面を下にして両端をノミで落とさせ荒々しい面に仕立てた。さらに、モルタル床を縁先から約45度方向に敷き、強すぎる横石と交差させたのである。この様子からも重森がいかにインスピレーションにより庭作りをしていたかがわかる。三方壁の閉ざされた空間に、現代の禅庭園ともいえる庭が出現した。

荒々しく鋭い横石

閉ざされた空間を切り裂く2本の線

書院は襖も含めすべて重森の設計

小河家Ⅰ　【廓然庵（かくねんあん）】　島根県益田市　非公開

昭和35年/1960年（64歳）

　これほど重森が心血を注いだ個人庭園はない。昭和33年に着手した庭で、書院、茶室は一応35年に完成したが、36年、37年、38年と逐次増設工事を行い、ようやく40年の工事で完了した。実に8年をかけて庭園、建物が完成したのである。重森は小河氏の熱意に応えて相当の時間をさいた。庭園を見ると横長の二列の築山に、巨石が所狭しと並んでいる。空前絶後の石組である。手前の島には長大な石の三橋が低く架けられており、橋や飛石を渡りながらの景色は贅沢なものである。当庭園の見所は、主庭の他に前庭、インカ風の敷石（出隅入隅を組み合わせる重森独自の手法）、網干竹垣、茶室、書院、襖、蹲踞、露地と随所にある。

庭園右側から橋越しに望む二重の石組は出雲から石見にかけての連山を象徴

庭園左側から望む巨石群

西芳寺の龍淵水がヒントの蹲踞

デザイン化された洲浜　多色の石、ベンガラの目地

半月と市松の襖（中田復元案）

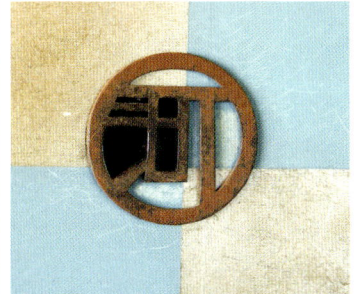

書院襖の引き手は「小」「河」のデザイン

水屋に面した襖　「市松五彩の流れ」で、尾形光琳を思わせる

栄光寺 【龍門庵】 香川県小豆島町　条件付公開

昭和35年/1960年（64歳）

　3室からなる銅葺きの建物に、2つの茶席がある。この茶室を仕切る襖は何と、壁襖という土壁である。この重たい土壁の襖を取り去ると、10畳半台目の一席に変身するのである。

　重森は大徳寺玉林院の蓑庵の葢壁（すさかべと読み、土壁表面に藁が現われたままにする手法）の再現に努めた。自宅の無字庵に始まり、光明院の蘿月庵、そして当庵である。特に当庵の場合は襖に土壁を塗るのだから大変な苦労が伴ったが、重森と弟子で名左官の佐藤嘉一郎氏の努力の甲斐あって、侘寂の一語に尽きる茶室ができあがった。

飛び石の回りは朱色のモルタル仕上げ

微妙に異なる葢壁

歴史を感じさせる侘寂の壁襖

壁襖の裏側は斜線を引き、微妙な色彩を施している

寒霞渓（小豆島の名勝地）をイメージした動きのある枯山水石組

045　昭和35年/1960年（64歳）

旧臼杵家　【露結庵】　香川県高松市　消滅

　玄関を入ってまず通されるのが坪庭の見える部屋である。ここで抹茶を頂きながら重森の思い出話などをお伺いした。当庭園が作られたのは今から50年近く前である。奥さんが、ご主人と2人で重森に作庭を依頼されたそうである。若いときによくこのように立派な茶室と庭園を作られたものだ。重森は若いご夫婦の庭なので、格式にこだわらない元気な庭にしたそうだ。坪庭だけでも迫力のある創作庭園であるが、茶室前の庭園は横長の地形に合わせながら、見事に瀬戸内海の海岸美を表現している。かつては書院から、あの栗林公園の紫雲山を望むことができ、雄大な風景が展開していたそうである。蹲踞とその背後の立石には圧倒される。

茶席へ向かう客の心身を清める蹲踞と背後の鋭い形の石

重森書「紫雲山今日茶楽」

都竹家　大阪市生野区　[非公開]

　街中で、普段の生活の中でも重森を楽しむことができる庭。狭い空間に出島が一杯に広がり、優美な汀が目に入る。当家の苗字に因んで「つづく」の形になっている。15石と白砂が按配よく配置されている。

　先代の都竹ふさ女史は苦労の末女医になった。重森との出会いは定かでないが、彼女の思い入れのせいか、優しく寛ぐ庭である。庭に対する思い入れは、現当主（不妊治療の権威）にも、その子供たちにも引き継がれている。

やや角張った石もある出島

「つづく」の形になっている洲浜模様

047 昭和36年/1961年（65歳）

香里団地公園 【以楽苑】　大阪府枚方市　条件付公開

　この庭園を知ったのは最近である。なぜこのようにスケールの大きい庭園があまり知られずにいたのかが不思議だ。「孤高の人」といった感じである。重森作品は神社仏閣、美術館などに多くあり公園庭園は珍しいからであろう。

　市民が寛ぐ場所に、かくも剛健な石組がひっそりと佇む。広い空間に負けないように大掛かりな石組がなされている。一方、緩やかなカーブを描く池の周りの苑路に沿って巨石が配置され、人々を先へ先へと導く。

安土桃山時代のような築山の蓬莱山は豪快そのもの

動きのある四方正面の蓬莱石組

迫力ある石組が見られる苑路

鋭い感触の青石をふんだんに用いた動きのある滝組

048　昭和36年/1961年（65歳）

瑞峯院　【独座庭・閑眠庭】　　京都市北区　公開

　この庭園は、重森が主催している京都林泉協会の創立30周年記念事業の一環として寄贈されたものである。本院が大徳寺塔頭である関係から、禅の聖典『碧巌録』の独座大雄峯をテーマとした。南の「独座庭」（145坪）、北の「閑眠庭」（100坪）で構成されている。
　「独座庭」は南西の角に巨石を立て、下部の石組は東部に向かって細長い苔地の出島をつたい、さらに白川砂中に細長く突出させ、離れた1石を岩島に見立てている。「閑眠庭」は開基の大友宗麟がキリシタン大名であったので、十字架の庭とした。南庭は開山の庭で禅に因み、北庭は開基に因んでキリシタンの庭としたことも意味がある。
　禅庭といえば室町時代を連想するが、重森によって見事に現代の禅寺に甦った。比較的小さな方丈南庭であるが、テーマがあり、それを抽象的手法で具現化している。向かって右奥には築山を設け、その頂には寺銘の瑞峯に因んだ霊峯を立て、深山幽谷の造形美を示している。現代の我々に理解しやすいテーマを採用し、それを造形化して日本の伝統を再生した。

峨々たる霊峯から下ってきた激流は、野山で渓流になり、そして大海に帰る。しかし、再び雲となり山に雨を降らせ激流となり還流する。石組は荒波を受ける出島とも、雲から湧き上がる龍ともなる

本庭より約20年前に作られた東福寺本坊の庭では、当初向かって右側に激しく林立した石組を設計したものの、そこに老松があったため、その計画は断念せざるを得なかった。しかしここでは重森の「癖」ともいうべき右肩上がりの構成を思うままに実現している。適度な広さのため、多くの造形物を作らずに1つの主題に集中することができた。重森の理想を実現した庭だといえる。

方丈正面より「独座庭」の南西を見る

南庭の西側には静かな入り江があり、飛沫が上がる巌とは対照的だ

キリシタン大名大友宗麟に因んで、縦に4石、横に3石を配し十字架を表現した「閑眠庭」

049 昭和36年/1961年（65歳）

真如院　京都市下京区　条件付公開

　織田信長は1568年に足利義昭を当院に招いた。庭園はその際に作られたと考えられ、1799年の秋里籬島著『都林泉名勝図会』にも描かれている。その後、江戸時代末期には相当荒廃し、明治時代になってからはたびたび改造されたが、重森は昭和11年に実測調査をした。その後、真如院の現在地移転に伴い、修復を行った。

　重森を最も悩ましたのは庭の奥行きが「図会」の半分以下しかなかったことである。そのため「図会」とは異なり、随分横長の庭園になっている。しかし何といってもこの庭の存在価値は、小判形の石を鱗状に敷いて小波たつ水の流れを表現していたことである。このような表現は唯一無二のもので、安土桃山時代が革新の時代であることと、信長の破天荒な性格を複合させてできたものであろう。

　このようにわかりやすい造形がほかの庭で見当たらないのはなぜであろうか。『日本庭園史大系8』（p28）の中で、「日本庭園においては山水を扱ったものは、おおよそ、九割九分までそうであると断定できるわけである」と重森完途（三玲の長男）が述べているように、残りの1％の代表として真如院庭園があるのである。

造形化された水の流れ

左から呼子手水鉢、築山中腹の瓜実灯籠、山頂の烏帽子石（築山上部）

050　昭和36年/1961年（65歳）

林昌寺　【法林の庭】　大阪府泉南市　公開

　従来あった防火用水の池と当山の名物であるツツジを利用して作られた庭である。「法林の庭」とあるように極楽浄土がテーマである。石は当地の青石をふんだんに使用しているが、よく見るとほとんどが扁平である。その理由は、現代のように重機を使用できない時代に、重い巨石をこのような傾斜地に組むのは大変な作業であったからであろう。大きな割には軽い石というと、答えは扁平な石になる。そのためか、動きが少なく全体がやさしい感じになり、極楽の穏やかな雰囲気がよく出ている。

　現在はツツジの大刈り込みを青海波模様にデザイン化した動きのある庭になっているが、当初は杉苔であった。しかし、西向きの傾斜地で苔が育たなかったため、やむを得ずツツジを植えたそうである。

青海波模様のツツジと巨石

極楽のような全景

051 昭和36年/1961年（65歳）

山口家　兵庫県西脇市　非公開

　重森がこの庭を作ったのは65歳、衰えを知らない創作意欲があふれている。個人の住宅に、所狭しと巨石が並んでいる。しかも青石である。隆盛を誇った山口家の豪華極まりない贅沢な庭である。

　奥行きのない敷地のためか、重森は座敷側に大きな石を並べ、遠近感を出している。庭に至る延段は丹波鞍馬石によるもので、軒内には青石の敷石があり色彩豊かな庭となっている。

座敷前の巨石群

築山には堂々とした三尊が鎮座していて、その前には供物台がある。主石は正面から見ると平滑であるが、背後に回ると三角柱のように鋭い切り口になっている。右奥には控えめに2石が置かれ、背景を整える

右側から見た三尊石

稜角を持つ石は重森好み

052　昭和37年/1962年（66歳）

志度寺 【曲水庭・無染庭】　香川県さぬき市　公開

　ここには2つの庭がある。

　「曲水庭」は、地割こそ室町時代の曲水様式が残っていたが、石組はほとんどなくなっていた。そこで重森は旧庭の地割をそのまま残し、細川式の曲水式庭園を参考にして護岸に石組をした。豪華さを表現した武家好みの庭を再現したのである。曲水庭園の護岸は330mに及び、用いられた青石は約240石にもなる。広大な敷地の長大な護岸は巨石で埋め尽くされているが、何か気になる。現在、池に水が入っていないためでもあろうが、盛りだくさんの石組に目うつりしてしまい、まるで広大な大名庭園のようである。

　また池庭の横には巨石が螺旋状に石組されている。北畠神社を参考にしつつ、新たに創作した庭であろう。

　書院前庭は志度寺縁起をテーマとした枯山水の庭で「無染庭」という豪華極まりない庭である。

蓬莱石組の中央の巨石は傾いてしまっていたが、近年復元された

北畠神社を参考にした螺旋状の石組

曲水に架かる長大な橋

築山の三尊石に護岸石組、さらに重森好みの鋭い岩島の立体造形　　林立する石柱

志度寺縁起の玉取姫の伝説に因む書院前の「無染庭」

053　昭和37年/1962年（66歳）

桑村家　兵庫県多可町　[非公開]

　庭園中央部には重森好みの紀州の青石をふんだんに使っている。書院から見ると巨大な蓬莱連山が連なり、左側には印象的な三尊石が見え、壮観である。書院の前には神仙思想に基づく小さな島があり、その間を白川砂の流水が走り、途中には舟石や水分け石、岩島が配されている。

　庭園は従来の日本庭園的要素を含んでいるが、連続的な立体造形は重森ならではの景観である。さらに、書院前の敷石、蹲踞の造形も完全なる重森の世界である。敷石の間の溝は深くて幅も広く、目地はベンガラで彩られており、鮮やかな模様が印象的だ。

左手に印象的な三尊石組

中央の三尊石と舟石（右下）

光明院 II 　【雲嶺庭】　京都市東山区　公開

　この前庭は、本庭である「波心庭」に比べると小規模である。本庭は昭和14年に本坊と同時に作られているので、前庭が作られたのはそれから20年以上後ということになる。青石による三尊石があるが、その前の敷石が興味深い。小さな青石の破片を使っており、鋭い敷石に思わず歩くことを躊躇する。玄関としては面白い意匠である。玄関手前には鶴島がある。

鋭く割った青石による敷石

インカ風の敷石

亀の背に乗った表情豊かな青石を使った三尊石

衣斐家　　兵庫県西宮市　[非公開]

昭和38年/1963年（67歳）

　本邸には昭和33年に作った七五三式枯山水があったが、惜しくも阪神・淡路大震災で失われてしまった。しかし昭和38年に別邸に作った回遊式枯山水は、洋館とともに奇跡的に損壊を免れた。

　当庭には、板状の小さな青石を敷いた苑路が庭園全体にめぐらされている。中央には丸みのある青石や角張った青石が組まれている。小庭園ながら密度が濃い石組で、峨々とした深山幽谷の趣がある。日本庭園といえば西芳寺や鹿苑寺のような大庭園を連想しがちであるが、コンパクトな個人住宅でも密度の高い庭であれば趣の深いものになる。これこそが本来の日本庭園というべきか。抽象、造形ともすばらしい作品である。

敷地一杯にめぐらされた苑路

石組は峨々とした深山幽谷の趣

056　昭和38年/1963年（67歳）

四天王寺学園　大阪市天王寺区　非公開

　校門を入ると正面に、金銅の慈母観音立像がある。生徒、職員はここを通る都度、礼をする。このように神聖な場所を庭園にするには、斬新なアイディアとインスピレーションが必要である。重森といえば、巨石を使った従来型の庭を思い浮かべるかもしれないが、彼はモダンアートともいえるこの作品を67歳で作った。メインテーマは観音であるために、光明を表現した。御影の白板石と丹波の赤板石とで雲紋を表し、観音から発する光を放射状に切り込んでいる。テーマ、抽象とも斬新だ。この庭の造形は、本来庭園とは三次元であるべきとの固定観念を払拭させるものだ。この手法は後に正眼寺でも使われる。

観音の光背をかたどった壁も重森の設計

造形は観音から発せられる光明線、ダイナミックな雲紋と端正な敷石

057　昭和38年/1963年（67歳）

興禅寺　【看雲庭】　長野県木曽町　公開

　重森は、海のない信州で従来海洋の象徴として用いられてきた白砂で、雲を象徴する、というアイディアを思いついた。白砂に15石ではどのように変化をつけても、それは龍安寺のコピーになってしまう。重森はイミテーションを嫌う。そこで思いついたのが雲紋だ。砂に書く雲紋とは別の、白いモルタルによるアクセントである。この模様は、四角い壁とは対照的に自由な曲線を描き、硬さを和らげる。

　この庭で重森は、龍安寺を超えたと思ったであろうか。木曽山中の自然の中で超自然の庭を作る。つまり自然の中にあって特殊性を抽出するには、雲紋のデザインが最適だ。類似のアイディアとして昭和41年に作られた住吉神社がある。自然の中で特徴を抽出するという点において、この2つの庭は共通している。なお、雲紋のデザインは東福寺の龍吟庵や霊雲院でさらに発展する。

市松模様のテラスと白砂、石のみの庭園

木曽谷に雲海がたなびき、雲の上に霊峰が見える。右端の2石が左側からの動きを受け止めている

広大な借景枯山水　自然の風景美と人工造形美が拮抗し、互いの美しさがより際立って見える。雲紋は白セメントにより単純化した大きな曲線を描くことで、自然の風景とは異なる人工の造形美になる

庭園右側面から中央を見る

光臺院 II 和歌山県高野町 条件付公開 国指定登録記念物

既存の池泉庭園に中島を作り、背後に多くの築山を設けた。高野山が8つの峰に囲まれた聖地であることから「八葉蓮華」をかたどったといわれている。旧来の様式を踏襲しながらも、デザイン化した築山を設け、その築山や島に石を組むことで、重森独特の庭に仕上げた。

山畔には重森独特の石組があるが、池の護岸や鶴島、亀島の護岸には一切石組がされていない。このような設計は、池の水面を白砂に変えてみれば、後の重森の枯山水の意匠そのものである。書院の軒内には洲浜のテラスが敷かれているが、池にも洲浜があり二種類の洲浜が併存した珍しい例である。

軒内の洲浜と池の洲浜が併存している

鶴島、亀島の奥に「八葉蓮華」を象った築山と護岸石組のないコンクリート製容器の神仙島

小河家 II 【古今亭】 島根県益田市 非公開

　小河家には昭和35年に作った茶室、廓然庵があったが、小河氏の熱心な依頼により新たに古今亭を作った。茶庭には板状の青石を張り、その中に大振りな丹波石の飛石を据え、背の高い四方仏手水鉢により、立って用いる桃山様式とした。

茶室へのアプローチと縁側を利用した軒内の腰掛待合

四方仏手水鉢と飛石

四角い塵穴

旧有吉家　【吉泉庭・旧有心庭】　大阪府泉大津市　公開　移設復元

昭和39年/1964年（68歳）

「吉泉庭」は応接間と書院から眺めることができる。中央に中島があり、その周りは幾組もの三尊石組や小さな板状青石の洲浜形敷石があり、さらに白砂には舟石が浮かんでいる。一方「旧有心庭」は洲浜形の芝生で、周囲には丹波の敷石と阿波の青石の石組があった。その後重森の弟子により池庭に、さらに現状の庭へと改修された。青石が林立する豪華な庭である。旧有吉家は大阪市阿倍野区にあったが、市制70周年記念の一環として東雲公園内に移設復元・および旧庭園の石を使用して、福原氏により「悠泉庭」として蘇った。

吉泉庭の復元写真

「吉泉庭」の洲浜・舟石の背後に「悠泉庭」がある 　　「旧有心庭」は福原氏によって「悠泉庭」として蘇った

小林家 【林泉庵】 岡山県岡山市 [非公開]

昭和39年/1964年（68歳）

　美しい露地である。重森は蹲踞の原点を西芳寺の龍淵水に求めた。坐禅に入る前に心身を清める場所だ。セレモニー化した現代の茶事とは一線を画している。蹲踞から躙口に至る飛石は丹波石である。躙口周辺は掃き清められ、刀掛石と塵穴がある。

　襖は桂離宮の松琴亭に倣ったものであるが、斜めに切った片身替りの意匠に重森の工夫がみられる。

正面に独特な鏡石がある蹲踞は重森の得意な意匠

刀掛石と塵穴

桂離宮に倣った襖

龍吟庵 【西庭・東庭】　京都市東山区　条件付公開

昭和39年/1964年（68歳）

　方丈は古い様式で国宝である。重森は方丈の前に「永遠のモダン」といえる庭を作った。特に西庭は庵号をテーマとし、龍が黒雲（黒砂）を呼び起こし、海中（白砂）から左回りに湧き上がってくる様をダイナミックに表現している。黒雲、海波の庭を龍が暴れまわっているのである。坪庭では、白黒2頭の犬が、狼から開祖大明国師を守っている姿が躍動的に捉えられている。重森の作品は造形が見事であるばかりでなく、その場所に合った適確なテーマ選択がなされている。両庭ともテーマ、抽象、造形いずれも秀逸。

白波の海から龍が黒雲を伴いながら左回りに上昇している躍動的な姿の「西庭」

廊下を歩きながら見ると、龍が動くような錯覚をおぼえる

雷紋の竹垣

「東庭」は16坪の坪庭で、大明国師の幼少時の伝説をテーマに躍動感あふれる抽象的表現をした。中央の横石は、病に倒れた幼少時代の大明国師。その前後の黒犬、白犬が国師を守る。写真最上下にある6石は犬に向かう狼、犬から逃げる狼。赤砂を用いて狼との凄惨な戦いを表す

稲妻形竹垣　方丈南庭は白砂のままで本来の姿であるが、奥に見える重森が作った竹垣には稲妻が走り、西庭の昇天する龍を予感させる

清原家 兵庫県芦屋市 非公開

昭和40年/1965年（69歳）

　三方から見ることができる、いわゆる三方正面の坪庭である。重森はどの方向から見ても見ごたえがあるようにするため、周囲を二重の洲浜で囲んだ。さらに一部には苔地の洲浜もあるので、その部分は三重の洲浜になる。洲浜は海洋の風景であるが、池泉庭園には洲浜を取り込んだ造形が多い。重森は枯山水に洲浜を取り込んだが、ここは極端にデフォルメされた三重の洲浜である。

　また変化をつけるため坪庭の対角線上に石組をしたが、皺の多い青石を用いて見ごたえのある造形となっている。

はたしてこれは日本庭園と云えるであろうか。伝統を破ってこそ伝統文化と云える

安国寺　広島県福山市　公開

　当庭は、室町時代の庭が重森によって復元されたものである。築山には枯滝があり、その流れを栗石で表現している。この枯滝は珍しく中央の水落石が低く、両脇の滝添え石が高く組まれている。類似の滝を求めるならば、京都市にある本法寺である。

　滝組の下部に使われている皺の入った石は名石であり、かつてはもっと意味のある構成をしていたのであろう。枯山水の川下には分厚い橋が架かっているが、これは慶長年間に架けられたものである。また大きめの鶴島亀島があり、池泉庭園的ではあるが枯山水庭園である。このような枯山水式の新しいスタイルの庭があることは、この地方が交通の要衝であったことを物語っている。

特徴ある厚い石橋

復元された枯滝

065 昭和40年/1965年（69歳）

北野美術館　長野県長野市　現在は非公開

　北野美術館は、その収蔵品が立派であるのはもちろんのこと、庭園と建築が一体となっているところに特徴がある。庭園は建物の外側にめぐらされた回廊から多角的に観賞できる。また、美術館の階段を登る途中、ふと目を外にやると信濃の山並みに調和した庭園が立体的に見える。庭園を立体的に観賞でき、観賞用の回廊が備わっている美術館は少なく、実にユニークな庭園である。

　美術館側から見ると横長で奥行きの少ない庭である。この不利な地形を補うため、手前に洲浜模様の回廊を設け、その奥には出島を互い違いに2本作った。変化をもたせた出島と、その上の石組が重層して見える。そのため、奥行きが深く感じられる。この手法は斧原家、前垣家、旧臼杵家、深森家、旧岸本家などでも採用された。

　海のない信州に、広大な海洋風景を採り入れた斬新で豪華な庭である。

テラスから見た全景

二重の海岸線と石組された出島　二重の洲浜には丹波の赤石、阿波の青石、阿波の棒状青石を用いる。手前の出島先端には岩島があって出島をより長く見せている。また手前にある敷石の凸部と、その奥の出島の凸部を意識的に突き合わせて緊張感を生んでいる

110　第一部　重森庭園の軌跡

重森の枯山水手法は護岸にではなく、築山の上や白砂の中にも自由に石組する

L字形のテラスに沿った豪華な二重の洲浜

繰り返す洲浜は自然界とは異なる人工の造形美

066　昭和40年/1965年（69歳）

貴船神社　【天津磐境の庭】　京都市左京区　公開

　重森は原始神道の磐座（いわくら）・磐境（いわさか）に関する研究をして、そこに日本庭園の源流を見た。ヨーロッパ、アジアにおけるストーンサークルであり、日本では忍路と秋田の大湯が有名である。その思想を庭園として再現したのがこの庭だ。

磐境の全景

貴船石を始めとした当地の石を用いた石組

067　昭和41年/1966年（70歳）

岡本家　広島県福山市　非公開

　門から邸宅に至る通路に作られたユニークな庭である。一般的に庭は書院から眺めるようにつくるが、当家の敷地が細長いために不可能であった。そこで、通路の北側に細長い築山を設け、そこに巨石を石組した。さらに面白いのは、通路の両側に洲浜模様の敷石と白砂を敷いているところだ。門から書院まで歩きながらも観賞できる庭である。

竹垣には網干模様が施されている　　　庭園と門扉の裏側

今にも動きそうなダイナミックな石組

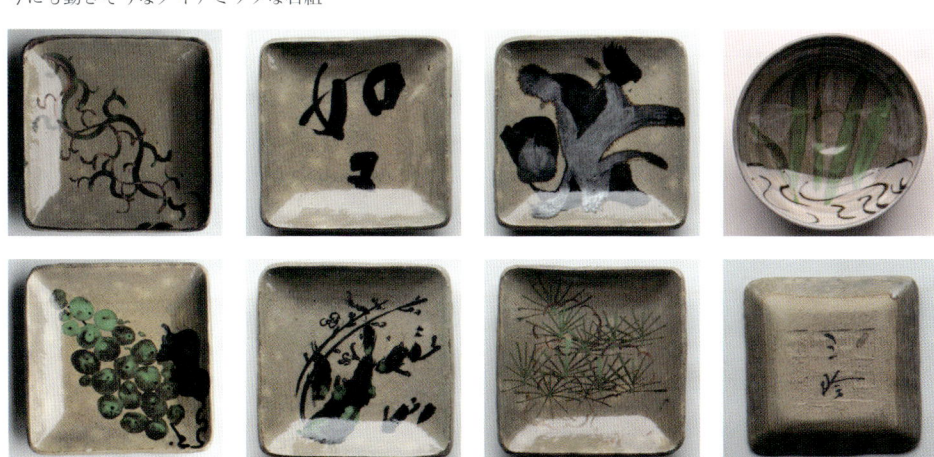

岡本家には重森が茶碗や皿に絵付けをした陶器が多くあり、裏面には重森のサインもある

113

068 昭和41年/1966年(70歳)

西川家 【犀庵】 石川県金沢市 非公開（茶室は公開）

　西川家の庭は犀川の河岸の高台にある。重森デザインの階段を上ると門があり、それを開けるとインカ風の敷石が斜めに敷かれ、玄関に至る。いわゆる重森独特のデザインだ。庭に入ると立手水鉢や灯籠がある。その先にあった茶室と蹲踞は県立能楽堂に移設された。

斜めに敷かれたインカ風の敷石

立手水鉢と茶室への飛石

立石の奥には茶室があった

茶室犀庵（県立能楽堂）

茶室横の蹲踞（県立能楽堂）

石清水八幡宮 II 【鳩峯寮庭園】 京都府八幡市 公開

昭和41年/1966年（70歳）

鳥居をくぐった所にある、まるで旧鳥居の残骸が転がっているような石組が庭園である。昭和36年の室戸台風で壊れた大鳥居の残骸を利用して作られた。日本庭園といえば、水が流れ、庭石があり、苔が生えているといったイメージであるが、それとはかけ離れている。廃材を使って全く新しい概念の庭を作った。現代人の眼から見ても抽象芸術だ。

鳥居をくぐって右側にある円柱の造形

鳥居の破断面やホゾ穴、石柱を傾斜させた独特な造形

住吉神社 【住之江の庭】 兵庫県篠山市　非公開

　内陸の篠山になぜ海を象徴した現代庭園があるのか、と思われるかもしれない。住吉神社は海神を祀っているのである。山の中に海の景色を表すため、重森は独創的なアイディアで造形した。神社の神域は永遠に清浄でなければならない、という考えから一木一草もない枯山水とした。阿波産の青石を用い、神社に因む海島と七五三石組、蓬莱山石組を抽象的に表現した。全庭を3本の波のうねりが貫いており、手前ほど太くしている。住吉神社が祀る海洋の神にテーマをとり、20石の抽象的な枯山水とし、さらに大胆な波模様による造形の庭としたのである。

　このような、テーマ、抽象、造形の三拍子揃った庭が丹波篠山の山中に潜んでいるとは驚きである。この庭は重森の特徴が大変よく現れた傑作といえる。重森は作庭の道に入ってから、常に龍安寺の庭について考えていたと思われるが、この庭で彼は龍安寺の庭をある一面で超えたのではないだろうか。

立石の立体造形と波紋

白モルタルで造形された独創的で大胆な波紋

波紋と立石群

初めてであると同時に唯一の波紋デザイン

071 昭和42年/1967年（71歳）

浅野家 京都市北区 非公開

　重森は自分の感性に合致した石を使い創作をする。しかし浅野家の場合、施主の石への好みが強烈であり、浅野氏と重森は壮絶な火花を散らしたに違いない。そしてその中から渾身の力作が生まれた。

　この庭園の重要な要素を抽出してみよう。

　龍門瀑：鹿苑寺の石組に似ている。

　碧巌石：左側の滝添え石は鹿苑寺の碧巌石を思わせる。

　坐禅石：向かって左側の護岸石は唯一上面が水平であり、坐禅石風である。ただし、本来の坐禅石は独立したもっと高さのある石である。

　三尊石：山畔の中腹に立つ三尊石は重森が好んだ青石の名石が用いられている。

　上記のうち三尊石以外は禅の庭のエッセンスであり、これらのテーマは鎌倉時代から室町時代にかけてよく用いられた。重森は施主と火花を散らす中で、本格的な作庭を心がけた。幸い当家は山畔の地にある。鹿苑寺、慈照寺の庭園から、禅の要素のみを抽出した庭にしようと彼は決意した。龍門瀑に注目したのは重森であり、蘭渓道隆の研究から発している。日本庭園が頂点を極めた鎌倉・室町時代の作品を研究し、その中から質実剛健な宗教的要素を学んだのである。重森の著書を読むと碧巌石、坐禅石について特別意識していた様子はないが、庭園の実測に裏打ちされた知識から、自然にそのような石を選定し、石組を行ったのであろう。三尊石は西芳寺や鹿苑寺の護岸に三尊様式で組まれているものが有名である。当庭では独立した三尊が悠然と聳えており、山梨県の向嶽寺を思い起こさせる。

　滝の右側の護岸は青石が林立する。20石ほどもあろうか。普通ならこの部分だけでも驚くほど豪華な安土桃山時代風の庭となる。

　山畔の中腹には、龍門瀑から落ちた水が流れる水路があり、絢爛豪華な二重、三重の護岸になっている。見るものを戸惑わせる大きな石が使われている。

　水路の下流には、安土桃山時代を思わせる分厚い橋が架かっている。

滝組右側の絢爛豪華な護岸

青石の分厚い橋

山畔には幾重もの石組

重厚な水落石とまさに飛翔する鯉魚

横山家 三重県菰野町 [条件付公開]

昭和43年/1968年（72歳）

江戸時代末期の豪華な邸宅にマッチした近代的石組の表庭と田園風景の抽象造形の裏庭。

施主の要望で「心」の字形の蓬莱式の枯山水庭園であるが、現代的抽象的空間構成美の庭

洲浜と10本の田畑の斜線に流れる抽象風景 　　田園風景の抽象表現と赤白の色彩効果

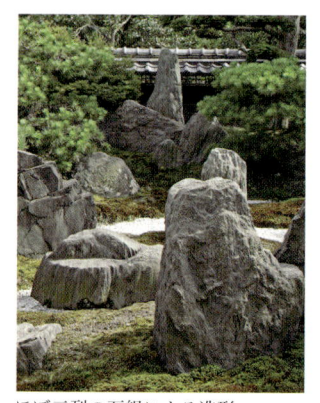

ほぼ三列の石組による造形 　　玄関前の抽象的な切石延段 　　書院軒内に丹波赤石の敷石

| 073 | 昭和43年/1968年（72歳）

宗隣寺　山口県宇部市　公開

　当庭は重森が修復したが、池中から8本の石を見つけると同時に、元の庭には干潟があることがわかった。

　山畔を利用した石組と横長の池庭で、池には8本の鋭い形の石が2列に並んでいる。何といってもこの石柱が当庭の魅力である。一般的に夜泊石といわれているが、庭の中心にあるこの特異な造形は蓬莱山から宝物を得て帰る船団というよりは、大自然の造化の妙に感動した造形物と考える。

　これは同じ山口県の長門市にある青海海岸を象徴したのではなかろうか。この池には水面を上下させる仕掛けがあるが、これは「干潟様は、潮の干あがった跡のように、半ば現れ、半ば水に浸ったようにして、自然に石が少し見えるのである」という『作庭記』の記述と合致する（田村剛著『作庭記』p217）。

青海海岸（写真提供：長門市）

8本の立石（右奥の立石は護岸石）

| 074 | 昭和43年/1968年（72歳）

常栄寺　【南溟庭（なんめいてい）】　山口県山口市　公開

　三方が土塀に囲まれた方丈南庭は、重森にとって最も意欲をかきたてられる地形である。幸いにも雪舟の庭のあるこの常栄寺での作庭を依頼された。そのときの禅問答的逸話によると、住職の申し出に対し、重森は感謝しつつも、雪舟の庭で有名な当寺に下手な庭を作ったのでは後世に恥を残すのみであるからといい、辞退したそうである。しかし住職は、「恥をかく様な下手な庭を作ってほしいのです。雪舟よりよい庭を作られては、当寺は食って生けなくなりますから」と強く依頼した。重森は、下手であっても雪舟と比較できるような代物ではないと再度固辞した。しかし住職は重森が100庭以上も作っているのであるから、10庭位しか作っていない雪舟より勝っているに違いないといい、上手に「下手な庭」を作ってほしいと重ねて依頼したそうである。

　石はX字状に配置し、有機的な繋がりを持たせている。一方、苔による築山は方丈側を高くし、端部は洲浜形にして動きを持たせている。

　テーマに関しては、雪舟が苦労して中国との往復をした海洋を念頭においたとされており、雄大な構想である。雪舟を意識した重森が気張った分、やや硬さが残る。

当庭は一見して龍安寺風で、有機的な石の繋がりが見られる。しかし、ここでは高い本堂から立って見るため、庭を俯瞰することになる。一方龍安寺では縁先に座って観賞するため、石組の中に入り込んだような錯覚に陥り、より庭の面白さが体感できる

緊張感を与える、交差した線状の石組

洲浜形に作られている方丈側の築山

思い切りデフォルメされた洲浜模様

常栄寺の伝雪舟作庭園　重森が大いに影響を受けた方丈北側の護岸石組

075　昭和44年/1969年（73歳）

旧友琳会館　【友琳の庭】　岡山県吉備中央町　公開

　はたしてこの造形物は日本庭園といえるであろうか。鶴亀、蓬莱山などからかけ離れた庭である。友禅染の図案である「束ね熨斗」をデザイン化し、あでやかな色彩を施した。敷石のみによる庭園は四天王寺学園（昭38）、正眼寺（昭43第一期工事）にあるが、それらと比べるとはるかに複雑、かつ、艶やかである。このような造形物こそが、日本庭園を世界的な芸術にすることができるのではないだろうか。

　当初は敷石のみの設計であったが、消防法の規定により3トン以上の貯水が必要であるため設計を変更し、現在のような水の溜まった状態の庭となった。

　平成11年、友琳会館が移転することとなり、当庭が維持できなくなった。しかし幸いなことに、重森の故郷である吉備中央町の庁舎の新築に伴い、旧態を維持することを条件に同町が無償で譲り受けた。

　敷石が多いため移転に伴う工事は、大変であったが、重森門下生、岩本俊夫氏らの努力により、平成14年にほぼ完全な形で復元された。この浅い池には水の噴出口が36カ所もあるが、これは鴨川で友禅染の反物を洗う様子を表すため、水面に漣を作りたかったからである。京都の旧友琳会館に作られたときは予算上噴出口を4カ所しか作ることができなかったため、漣がほとんどできず、重森は大変残念がっていたとのことである。今回、故郷に復元された庭で、当初の設計思想がやっと実現されたのである。

漣は鴨川の様子を象徴

色彩豊かな造形は丹頂鶴を象徴

霞形の島

敷石や栗石により複雑に彩られた束ね熨斗のデザイン。水面の漣は鴨川での反物の水洗の象徴

中田家 長野県松本市 条件付公開 長野県指定名勝

　元禄の頃に古書院とともに作られたと思われる庭を、重森と弟子の齋藤忠一氏らが改修した。その昔、当家には藩主の来遊も多く、文化年間には戸田藩の藩儒者、木沢天童がこの庭園について『鶴亀石記』を記している。やや大きめの池に鶴亀の2島があり、庭の奥には築山が3つある。中央の築山には蓬莱山石組があり、その背後に太湖石の三尊石がある。中央左側には枯滝が渓谷風に作られている。庭園は6つの部屋に面しており、各部屋からそれぞれの趣を楽しむことができる。

築山には渓谷風の枯滝による立体造形

江戸時代の民家の庭としては珍しく、鶴島と亀島が揃っている

鶴亀蓬莱の庭　鶴島（右）は重森によって改修された

亀島、蓬莱山、太湖石の三尊石、渓谷風枯滝

漢陽寺Ⅰ 【曲水の庭】　山口県周南市　公開

　重森は方丈南庭に、2つのテーマを持つ庭を作った。1つは庭名のとおり曲水である。重森は初めて当寺を訪れた瞬間、本堂裏から湧き出る清流を使って、日本文化の伝統である遣水の庭を作るべきであると確信した。禅寺の本堂の南に庭を作るとなれば、一般的には枯山水である。しかし彼は当寺においては、曲水を象徴した庭とした。古来より方丈南に庭を作ることは憚られていたが、ここでは何と遣水までを通し、築山を設け、木や苔を植えたのである。前代未聞の庭だ。

　二番目のテーマは三十三観音変化で、これは当寺の本尊に因んでいる。観音が三十三変化する様を象徴した33石の石組である。

中央は補陀洛山

本堂裏の湧水を利用した曲水

緑の苔に覆われた曲水を清水が流れる景色

遣水の奥の白砂にある石は、三十三観音を象徴

漢陽寺 II 【蓬莱の庭】　山口県周南市　公開

昭和44年/1969年（73歳）

　本堂裏の潮音洞（1651年に完成した灌漑用隧道）からの湧水を重視し、重森は池庭である「蓬莱の庭」を作った。築山には蓬莱山を築き、護岸にも重森特有の変化のある石組がなされている。現在は池の手前に回廊が設けられたため、やや手狭になっている。

回廊越しの「蓬莱の庭」には回廊のある部分に、以前は雷雲紋の竹垣があった

蓬莱山石組

漢陽寺Ⅲ 【地蔵遊戯の庭】 山口県周南市 公開

　坪庭ともいえる小さな庭であるが、日本庭園としては大いに注目される。地蔵菩薩が両手を広げて童と遊んでいる姿である。地蔵、童とも幾分傾いている。そのため地蔵と童たちは、右に回り始めるのである。テーマを見事な造形に抽象化した庭であり、重森の傑作といえる。この輪舞する造形は、あたかも不動の北極星の周りを回り続ける星たちのようである。

手前の石が地蔵菩薩

四方正面と言えるこの造形は、永遠に輪舞する

漢陽寺Ⅳ 　【九山八海の庭】　山口県周南市　公開

　書院東側の山畔に築山を作り、そこに須弥山を取り巻くように八石の立石が組まれ、九山を象徴する石組をした。一方八海は、潮音洞から水を引いて作った池泉を八重の海に見立てた地割で表した。九山八海というテーマは大変重たく一般的にはあまり用いられない。仏教における宇宙観を象徴するテーマであり、形にすることが難しいからである。

書院の窓越しに眺める

須弥山世界を造形

旧畑家（篠山観光ホテル）　【逢春庭】　兵庫県篠山市　公開

当庭は書院に面して作られた約100坪の広さの庭で、L字型の建物の4つの部屋から眺められるようになっている。庭の中心は舟石で、築山には弓なりに14石が配置されている。

入口付近から見た景観

座敷から見る築山の三尊石と舟石（鯉魚石とも言える）

天籟庵　岡山県吉備中央町　公開

　大正3年に父とともに生家に作った茶室を、昭和44年当地に移築した。現在は国の登録有形文化財である。敷地はその際に作った露地である。重森は露地までも枯山水で作ってしまった。なお、重森が生家に作った庭も「天籟庵」という。

　この天籟庵露地は、全庭をモルタル洗出しとしている。このようなデザインの庭は今後しばらく出現しないであろう。移築場所が吉川八幡境内で、その八幡神が海神であることに因み、海波と土坡の地模様を、思い切って抽象的に扱っている。茶室は重森が18歳の時の設計であるが床が3つもあり、天井にも工夫がある。

八幡神に因んだ波のデザイン

右より真・行・草の床

八幡宮の海神に因んだ海波（白）と土坡の地模様

外腰掛けと露地

正面に立石のある重森特有の蹲踞

久保家　兵庫県伊丹市　非公開

昭和45年/1970年（74歳）

ワシントン・ポトマック河畔の桜のルーツはこの久保家である。

アメリカ大統領夫人の桜植樹計画を知った尾崎東京市長は、日露戦争終結時のポーツマス条約の仲介をしてくれたアメリカに謝意を表わすために桜の苗木2000本を送った。しかしシアトルでの検疫で病気に罹っていることがわかり、すべて焼却された。それを知った尾崎東京市長は、再度苗木を贈ることにした。穂木は東京の荒川堤の桜並木から採り、台木づくりは病気や害虫がでないようその道の権威である久保武兵衛氏に注文したのだ。

1912年3月26日に桜苗木はワシントンに着き、早速検査されたが、病気に罹っている木は1本もなかった。そして翌3月27日、ポトマック公園で植樹式が行われ、ヘレン・タフト大統領夫人と珍田日本大使夫人によって、ソメイヨシノが植えられたのである。

屋敷に囲まれた庭は壮観な景色である。低い塀越しに別世界が出現する。庭に入ると、巨石が林立している。その間を重森のデザインによる苑路が美しい曲線を描いている。この敷石だけでも重森の庭園といってもいいくらいに独創的だ。玄関前には須弥山が天を衝いて聳えている。書院前の蹲踞の横には豪華な蓬莱連山が横たわる。苑路を回遊しながら楽しめる庭だ。

御影石と丹波鞍馬石による敷石模様

低い壁際に所狭しと並んでいる巨石

巨石群と苑路が重なり合う幻想的な風景

庭園内に重森独特の苑路が「8の字形」に敷かれている

霊雲院 I　【九山八海の庭】　京都市東山区　公開

昭和 45 年 /1970 年（74 歳）

　霊雲院は1390年に岐陽方秀によって開かれ、はじめは不二庵と称していた。第七世の湘雪守元は、肥後熊本の人で藩主細川忠利（三斎の子）と親交があり、忠利の子の光尚は岐陽方秀に篤く帰依していた。湘雪守元和尚が霊雲院の住職になるとき光尚は500石を贈ろうとしたが、「出家の後、禄の貴きは参禅の邪気なり。庭上の貴石を賜れば寺宝とすべし」といわれた。そこで光尚は、須弥台と石舟を作り「遺愛石」と銘をつけ贈ったのである。

　当庭は秋里籬島著『都林泉名勝図会』に従って重森により復元された。

　「九山八海の庭」は「遺愛石」が白砂の中央にあり、背後の築山に枯滝が組まれている。滝の渓流の様を小石で表し、滝の下部には先の尖った鯉魚石がある。

「遺愛石」を中心とした「九山八海の庭」

鋭く尖った鯉魚石がある龍門瀑

正覚寺 【竜珠の庭】　兵庫県篠山市　条件付公開

085　昭和45年/1970年（74歳）

　当寺は浄土宗知恩院派の寺である。元々小さな池の護岸に多くの石を使った昭和期の庭があった。重森は「幸に巨石の板石を選定することが出来たので、天竜寺の竜門瀑よりも高い滝を作ることが出来た」（重森三玲作品刊行会『重森三玲作品集』p200）と喜んでいる。
　鯉魚石は滝の下方に位置し、鶴島、亀島の2島が配置されている。橋は3橋架けられているが、右端の橋には特に分厚い石が用いられ、配置角度も他の2橋から大きく振っていて、安土桃山時代の特徴を示している。護岸は鎌倉時代の庭を彷彿とさせる豪快な石組である。
　なお拝観依頼は書面をもって行う。

悠然と走る小舟

鶴島（左側）と亀島、その向こうに龍門瀑（水落石は2.3mある）

086　昭和45年/1970年（74歳）

田茂井家　【蓬仙壽】　京都府京丹後市　公開

　日本庭園には、蓬莱山思想に基づいた庭が多くある。しかし当家ほどそのテーマにぴったりの庭はない。というのも、この地には浦島太郎伝説があるからである。近くに丹後松島があり、いかにも竜宮がありそうだ。

　重森は当庭に4島を作ったが、それは漢の武帝が大液池に蓬莱、方丈、瀛州、壺梁の各島を作ったことに因んでいる。島との際は白い白川砂と赤い出雲砂の洗い出し手法で変化をもたせ、日本海の海岸美を表している。洲浜模様のテラスと踏石は鞍馬の錆色の石を使っている。

　浦島とは切り離せない5本の松は重要な要素である。当初丹後地方の松を探したが重森のイメージに合うものがなかったため、高松郊外の鬼無から運んだ。

　石は徳島で選び抜いた青石をふんだんに使用している。雨の後などは水分を含んで青緑色に輝き、妖しい光彩を放つ。

　美しい杉苔は重森の枯山水の重要な要素であるが、これを育てるのは至難の業である。しかし、当庭の苔は田茂井氏の緻密な観察と施肥により青々と繁茂している。また当地には塩が飛来するうえ積雪も多い。このように過酷な条件でありながら日本一ともいえる苔と松の繁殖が見られるのはまさに丹精込めた努力の結晶といえる。

　なお、書院は重森によって設計されたので、ここも見どころである。

現代の竜宮

浦島伝説の四神仙島は、枯山水であるが、石組を阻害しない護岸様式に工夫

140　第一部　重森庭園の軌跡

太陽光線を浴びた青石は輝きを放つ

重森が設計した玄関

洲浜模様

丹後松島はまさに蓬莱、方丈、瀛州、壺梁

087 昭和45年/1970年（74歳）

深森家　大阪府豊中市　非公開

　閑静な住宅街にある長方形の庭である。横長で奥行きが少ない地形なので重森は視覚的に奥行きを感じられる構成にした。軒内には丹波鞍馬石による洲浜模様の敷石をしつらえ、その奥に敷地一杯に2本の出島を作った。その出島は複雑な形をし、変化に富んでいる。また、出島の際には赤色、白色の大胆な洗い出し工法を採用している。

　日本庭園によく見られる鶴島、亀島のような古い要素にこだわることなく、大胆で斬新なデザインを試みた。まさに抽象芸術だ。日本庭園の将来に1つの方向性を打ち出した庭ともいえるだろう。個人住宅の庭であり、安らぎを得られるようにとの配慮から、出島には松が植えられている。

出島の洗い出しは、大胆に大きくなっている

ゆとりと落ち着きを与える長い出島

護岸造形から解放された枯山水庭園ならではの単純明快な造形にした

洲浜と幾重もの出島が庭に奥行きを与える

088　昭和45年/1970年（74歳）

竹中家　京都市左京区　非公開

　重森は晩年、ずいぶん忙しく創作活動をした。筆者は重森の庭を所有しているお宅にずいぶんお邪魔をしたが、その中で当家の庭は異色の存在である。奥様にお伺いしたところ、ご主人は神学者で、教会施設の建設に関わったときに知り合った設計者から重森を紹介され、それが庭を作るきっかけになったとのことであった。

　庭園は駐車場と居間の間にあり、大きさは5m×7m位である。坪庭といったところであるが、周囲に鞍馬石を使った回遊路が敷かれ、その中に白砂があり、蓬莱山が浮かんでいる。島の中には徳島の青石が5石あるが、これらは角のない穏やかなものである。島には松と白椿が植えられている。隣との境には「竹中」をデザイン化した垣根がある。

　日本庭園は神社仏閣や豪邸だけにあるものではない。10坪程度の場所であっても施主が望めば実現するのである。

蓬莱山の背後の竹垣は重森デザインの「竹中」である

鞍馬石の踏石 　　　独特の洲浜模様 　　　竹垣

第一部　重森庭園の軌跡

昭和45年/1970年（74歳）

屋島寺 【鑑雲亭・坐忘庵】 香川県高松市 条件付公開

「鑑雲亭」（書院露地）と「坐忘庵」（茶室露地）が一体化している。2つの露地のいずれにも重森の特徴が現れている。池泉庭園は重森によって修復された。まず「鑑雲亭」は三方の軒先に沿って洗い出しによる洲浜模様が意匠されている。右側洲浜には赤砂が敷かれ、庭園内部には白砂が敷かれている。次に茶室の蹲踞は、重森の特徴である鏡石が立てられ、手水鉢は室町時代の初期の層塔の塔身である。

「鑑雲亭」南側のデフォルメされた洲浜

「坐忘庵」の蹲踞には、重森庭園の特徴である稜角を持つ鏡石が立てられている

正眼寺 【観音像前庭】 岐阜県美濃加茂市　公開

　この庭は、従来の重森の庭とは様子が異なる。臨済宗の専門道場であるため、過度な装飾を控えている。石組には巨石や名石を使わず、どこにでも転がっているような山石を用いて禅庭園を創作した。

　最も意図するところは、自然を尊重し、自然に溶け込んで、観音の無限の慈悲を表現することである。地形の整備はほとんど行わず、したがってテラス状の雲海模様にはやや起伏がある。観音の背後にわずかに石組を行い、立体性を持たせるのみである。杉木立はそのままで、森閑とした雰囲気は僧堂とよく合っている。わずかに創作といえるのは、観音から輻射される慈愛を表す無量光と、雲紋である。禅の根本道場にふさわしい精神的で静かな庭である。庭は観音が発する光明、紫雲、白雲による平面造形と三十三変化する観音像の立体造形が調和した崇敬感のある庭だ。

33石の石組は三十三観音を象徴している

大理石を使った無量光のデザイン

紫色の石で紫雲、御影石で白雲を象徴

091　昭和45年/1970年（74歳）

霊雲院Ⅱ　【臥雲の庭】　京都市東山区　公開

　東福寺の塔頭である当院には重森の庭が2つある。「九山八海の庭」と寺号に因んだ「臥雲の庭」である。

　峨々たる深山から激流が流れ、山並みには雲が湧き上がっている。龍門瀑では鯉が力強く跳躍している。水墨画のような風景を抽象的に表現し、大徳寺大仙院と同じように造形化している。雲紋の造形は昭和31年に坂本の瑞応院で初めて試み、その後木曽の興禅寺、さらに龍吟庵で発展させ、当院では二重の雲紋がデザインされている。

峨々たる山に湧き上がる雲、ほとばしる激流は雲に潜り、大河になりやがて大海に注ぐ

三尊石式枯滝と鯉魚石

完成時の龍門瀑（写真提供：霊雲院）

昭和 45 年 /1970 年（74 歳）

旧重森家(重森三玲庭園美術館) 　【無字庵庭園】　京都市左京区　条件付公開

　書院前には、中央に蓬莱島、東西に方丈、瀛州、壺梁の3島を配している。手前に遙拝石があり、舟石は2石あるが書院前のそれは変化にとんだ名石である。庭園、建物には多くの意匠が試みられている。書院と無字庵は国の登録有形文化財である。

書院から見た庭

好刻庵から見た苔地と丹波鞍馬石の洲浜模様

書院前の変化にとんだ舟石

神仙島には護岸石組がない抽象的石組にした

好刻庵の前庭には変化にとんだ蹲踞と飛び石、洲浜模様の敷石、苔地の洲浜がある

無字庵と好刻庵の間にある中庭には七五三の石組がある。板石7石、黒い立石と手前の踏み石で5石（1石は見えない）、手水鉢と柱の礎石で3石

障子腰の網干模様

波形連子窓と網干模様の欄干

波涛模様の襖

芦田家　兵庫県尼崎市　非公開

　まさに見所満載の庭である。座敷に沿ってL字形の庭であるため、庭に入り込んで観賞しているような錯覚を覚える。複雑な形の三神仙島の蓬莱式の枯山水である。護岸の曲線には赤や白の洗い出しを用いており、さらに白砂の地模様と丹波鞍馬の敷石が呼応している。

　この庭は、塀の外から見られることも意識して作られており、まさに四方正面の庭である。

　重森の作った数寄屋門を入るとインカ風の敷石が軽快に展開する。蔵と塀の間は広く、一種の観覧席ともいえる。ここでパーティーなどを催せば、すこぶる楽しい雰囲気になるであろう。

　門を入って左側の七五三式の石組は蓬莱連山を想像させる。庭ができてからすでに35年以上になるが、まるで完成直後のようだ。このように完全な状態で維持されているのは、施主の庭園に対する愛情と苦労があってのことだ。

蔵と塀の間は広めの通路になっており、ここも現代の庭園と言える

書院に入ると、広い庭の巨大な巌、美しい松、斬新なデザインが飛び込んでくる

洗い出し工法のシンプルな護岸のため、神仙島であることが理解でき、かつ島中の石組も目立つ

蓬莱山を表す前庭

洗い出しの神仙島

神仙島

インカ風デザインの敷石

半べえ 【聚花園】 広島市南区 公開

　この広大な池泉庭園が重森の庭であるというから驚きだ。半べえは結婚式場やレストラン、温泉など市民が楽しく集う場所であるため、華やかに作られている。このように美しく管理され、絢爛豪華な庭は大変珍らしい。重森の庭は枯山水が大半であるが、当庭は既存の池泉庭園を生かした庭である。豪華な護岸や雄大な龍門瀑で、枯山水庭園に劣らぬ庭に仕立てた。池泉庭園の美しさを改めて認識することができる。

豪快な龍門瀑

美しいレストランや旅館もこの庭の風景

鋭い鯉魚石

広大な敷地は山あり谷ありの光景

豪華極まりない護岸石組

095 昭和46年/1971年（75歳）

小林家　堺市堺区　非公開

　門を入ると、変化のある地形が玄関まで続いている。その変化をうまく利用して苔地の築山を作り、石を組み、松を配した興味深い庭園になっている。
　表庭は、隣が反正天皇陵であるため、隣地に建物が建つ心配がない。この御陵の森を背景として築山を設け、石を組み、橋を架け、老松を配して、古式の蓬莱式枯山水が完成した。古式ではあるが出島が左右から突き出しており、奥行きが感じられる手法である。出島は重森独特の青石を貼った葺石の意匠であり、松尾大社の曲水の庭に通じる。

苔の他に青石が貼ってある出島

出島を結ぶ橋

舟石と出島

156　第一部　重森庭園の軌跡

重なる青石による立体造形

門を入って右側には城郭を思わせる石組がある

096　昭和46年/1971年（75歳）

信田家　【泉岩庭】　堺市堺区　非公開

　わずか10坪の坪庭である。四方を建物に囲まれた小さな庭であるが、どの部屋からも明るい空間に枯山水庭園が見え、大変贅沢である。庭は堺の洲浜と船舶の様子を抽象しており、すっきりとした庭である。

　当庭は阪神・淡路大震災で大変な損傷を受けた。従って写真は信田氏より提供を受けた。

井戸も重要な役者である（写真提供：信田家）

余韻のある坪庭（写真提供：信田家）

石像寺 【四神相応の庭】　兵庫県丹波市　公開

昭和47年/1972年（76歳）

　この寺名の由来は、磐座（いわくら）が石蔵（いわくら）と書かれ、石蔵（せきぞう）といわれ、石像と書かれるようになった。古代は神社であったが、現在は寺院になっている。

　当寺には日本庭園の源流の1つである磐座と、現代日本庭園がある。磐座は山の中腹に忽然と姿を現している。朝日を受けた真っ白な巨石を、神といわずに何と表現できよう。この御神体を拝むための拝殿の位置に石像寺があり、そこに重森が作った「四神相応の庭」がある。

　この庭は磐座と四神相応をテーマとした重森の傑作の1つである。このテーマに合わせて抽象的な青龍、朱雀、白虎、玄武の石組をした。組み上がった石組の造形には目を見張るものがある。石や砂の色はテーマにあわせ、青龍は青石と青砂、朱雀は鞍馬の赤石と錆砂、白虎は阿波の石英石と白川砂、そして玄武は地元の丹波石と若狭の黒砂を使うなど工夫がなされている。

　四神の壁画で有名な高松塚古墳の発見以前に、重森はこのテーマで作庭にとりくんだ。また、竹垣の裏には、高浜虚子らの句碑を中心とした「霧海の庭」がある。

真っ白な巨石

巨石の下に祠がある

「四神相応の庭」の全景

古代より磐座信仰のある地に「四神相応の庭」を作り、4つの神ごとに色彩をつけた。いわば石の絵画だ。石組は磐座から玄武（北の丘陵）に降臨した神が、左回りに白虎（西の大道）、朱雀（南のくぼ地）、青龍（東の流水）を巡る様を象徴している

手前が朱雀（南）、奥には青龍（東）

玄武（北）の亀は力強く、背後の朱雀（南）は華麗だ。背後の竹垣は「四神」のデザイン

5mもの長大な青龍石

善能寺 【仙遊苑】　京都市東山区　公開

昭和47年/1972年（76歳）

　池泉回遊式（現在は漏水により涸池）の庭園であり、龍門瀑からはポンプにより水が落ちるようになっていた。当庭園は施主が飛行機事故で亡くなった方を弔うために作られたが、何故池泉式になったのだろうか。それは極楽浄土を連想させる池と清浄な滝を求めたのだろう。本格的な池泉様式であり護岸には立石が林立している。これほど立石が高密度の庭はない。重森にしては珍しく池泉庭園である。なお当寺は泉涌寺の塔頭である。

新緑に映える青石の石組

鶴でもあり亀でもあり飛行機でもある

雨後、太陽が出ると竜巻のように立ち昇る霧

林立した護岸立石群の中にあって豪快な横石と矢穴の跡も造形になる

奥行きのある立体的な龍門瀑

豊國神社 【秀石庭】 大阪市中央区 [条件付公開]

　周囲の喧騒から隔絶された場所に秀吉に因んだ庭がある。秀吉の庭にふさわしく、「巨石の森」ともいうべき絢爛豪華さである。
　本庭は4つの特徴があるユニークな庭である。
①豊臣秀吉公を御祭神とする神社なので、千成瓢箪を多用した。
②石山本願寺があったところなので、石山に因んで巨石を使い蓬莱山を作った。
③大阪には大阪港、尼崎港、堺港などがあるので、それに因んで海洋を表現した。
④庭を観賞する場所がないので、特に石のテラスを設け庭園の一部とした。

向かって右端から見た全景

観賞用のテラスはカフェやお茶席にもなる

奥の三尊石を中心とした巨石群

千成瓢箪をモチーフにした洗い出し

昭和 47 年 /1972 年（76 歳）

志方家 神戸市長田区 非公開

　三方を壁に囲まれた場所に瀬戸内の洲浜模様を大胆に描き、その対岸には海洋が入り組んだ出島がデザインされている。狭い場所であるが、七五三に石組された、充実した空間である。特に二重洲浜と出島は超自然化されたデザイン。

極端に抽象化された色セメントによる二重洲浜模様

低い築山と白砂に組まれた青石

旧岸本家 大阪府高槻市　消滅

　個人の住宅においても、立派な庭園を持つことができるよい見本である。当主が家を建てる際に庭を作りたい旨を棟梁に伝えたところ、重森を紹介された。その後、当主夫人が京都の重森宅を訪問すると、重森は茶をたてながら庭作りを快諾したとのことである。

　当庭は極端に、横長の地形である。そこで軒内には洲浜模様を作り、白砂の中に出島のような横長の三神仙島を作った。その島の築山に苔を張り、石を立て、松を植え、際には洗い出し工法で色彩を与えている。奥行きを感じさせる手法である。

　ただしこの庭は撤去され、現在はない。

奥行きは十分ではないが、重森らしい要素に満ちている

洲浜の色は当初は朱色であったが、後日施主の希望で変更された

泉涌寺妙応殿 【仙山庭】 京都市東山区 条件付公開

　この庭園は枯山水の基本である石、苔、砂の三要素からなる。三方正面の難しい空間を、18個の青石と2本の野筋、6カ所の紅白の洗い出しでうまくまとめている。東西10間、南北4間の長方形の空間一杯に霞形の野筋が描かれている。苔で覆われた野筋は、この庭の主役である。野筋の先や凹んだ部分には、重森の特徴である洗い出しでアクセントをつけている。庭の北側の山畔は緑に覆われているが、残りの三方は書院、廊下、ロビーで囲まれ、それぞれから眺めることができる。

　石はほとんどが直立して存在を主張しているが、野筋と馴染んでいて気にならない。さらに山畔には地形を利用した龍門瀑が組まれている。

北東部から見た全景

山畔からの自然の滝　豪雨が続いた時のみ、滝が落ちる

昭和 48 年 / 1973 年（77 歳）

漢陽寺Ⅴ　【瀟湘八景庭】　山口県周南市　非公開

　当寺には重森の庭がすでに 4 つもあった。新たに入手した土地で従来の様式にこだわらないモダンの庭に挑戦した。

　約 60 坪の枯山水の中に、葛石を使って格子模様を作り、サツキ、紅砂、白砂で色彩効果を出した。石組は 12 石。思い切って抽象性を表現した庭である。

　格子模様の庭は、既に昭和 14 年に東福寺の西庭で試みられていた。それから 34 年後に、課題であった色彩化を思う存分に表現した。

　なお、このような幾何学模様の庭は 2 年後に高野山の福智院でも作られた。

建物内から見た庭園

蔓石と色砂の単純な幾何学模様に日本古来の石組を加えた

昭和48年/1973年（77歳）

漢陽寺Ⅵ 　【曹源一滴の庭】　山口県周南市　公開

　かつて当寺の近くの国道で山崩れがあった。崩れた岩石は撤去しなくてはならないが、あまりにも美しい緑泥片岩なので、庭で有名な当寺に寄贈されることになった。最大26トンの石を含めて巨石が数十個到着した。重森はこの石を見た瞬間に粉河寺のあの豪華絢爛たる庭を思い出し着想を得たと自身で述べている。左右に26トン、20トンの巨石を立て鶴、亀を象徴した。中央には高く石橋を架けた。いわゆる玉潤流の橋である。

左の巨石が鶴を、右の巨石が亀を象徴

豪華極まりない玉潤流石組　手前にある鶴亀島の背後に巨大な蓬莱連山がある。なお、手前にある石組みは鶴島、亀島を全く想起させなく抽象化された石組

山門下側から見た石組、奥に玉澗流の橋が架かる

「曹源一滴の庭」と修復された山門

福智院Ⅰ 【蓬莱遊仙庭】 和歌山県高野町 [条件付公開]

　この「蓬莱遊仙庭」は、古代中国の伝説「遥か南海にあって、不老不死の仙人が棲む理想郷である蓬莱島」を15個の石組で表現した枯山水蓬莱式の庭園である。すべての方向から見ることができる四方正面の庭だ。最晩年の作品らしく、抽象度の高い作品に仕上がっている。このデザインは古来から日本庭園の基本要素である洲浜を、究極までデフォルメしたものである。周囲の軒内にはモザイク状の敷石があり、そこから赤砂による出島が複雑に延びている。その際は、苔の野筋になっている部分と、洗い出し工法によるセメントの曲線が描かれている部分がある。青石の立石は出島の中や、白砂の中の岩島として自由に組まれている。

　当院には宿坊もあり、宿泊者が観賞できる。寺域全体に重森の庭があるが、とりわけこの庭は抽象度が高く、もし海外に日本庭園を作るとすればこのような庭が望ましい。重森庭園は最も日本的な作品に始まり、インターナショナルな作品にまで昇華したことを物語っている。

3階から見ると、省略した曲線と色彩がわかる

喫茶室からの眺め

福智院II 【登仙庭】 和歌山県高野町 条件付公開

　「登仙庭」は、登龍門の故事で名高い龍門瀑を模した庭。その背景のなだらかな遠山には、蓬莱連山の石組がなされている。前景の池泉では、鶴島、亀島という日本古庭園の伝統的手法を近代的な感覚で表現している。

　当庭は池泉回遊式であり、重森にしては珍しい様式であるが、その意匠は伝統を継承しつつ、すこぶる斬新な様式である。完全に抽象化されたデザインの池で、緑泥片岩を使った洲浜模様は自由な曲線を描いており、従来の護岸石組から開放された重森の自由な境地を表し、鶴島、亀島も具体的な形にとらわれることなく、自由に造形されている。龍門瀑の前にある蹲踞も鏡石を置いた重森特有のデザインである。

ダイナミックな龍門瀑である

護岸石組から解放された現代アートとも言える抽象の世界

東口家 堺市北区 非公開

昭和49年/1974年（78歳）

　当庭について重森が東口氏に残したメモによると、「この地方の古い文化財はいうまでもなく堺港から来ている。仁徳陵その他の大古墳はそれを有力に物語っている。近世における茶の湯の発展も堺港あっての業績である。従ってこの地では海を忘れては文化の存在がない。そこでこの庭は海をテーマとしたものである。しかし海をテーマとしたからといって、海景を写実的に構成したのではない。あくまでも抽象性を強調して、現代という感覚を上代文化に連結した試みであった」と述べている。

　重森は港の町だからといって単に景色を写したのではなく、現代感覚で抽象した造形であることを強調している。林立する巨石の下には白砂と赤砂による地模様があり、新しい庭を提起している。

　当家の建物は設計者と重森が最初の段階から打ち合わせ、この庭を観賞するために作られた。

水が打たれて鏡のようなテラスと活況を示す堺港の様

サツキの大刈込

裏庭の白と黒の砂

石組の面白さは立体造形感覚の鋭い重森ならでは

門と邸宅を結ぶ敷石

108 昭和49年/1974年（78歳）

千葉家 【千波庭】 岩手県奥州市 非公開

　最晩年の作品が岩手県に作られたのは、何の因縁であろうか。すぐ近くには毛越寺がある。この庭は重森が昭和13年7月に実測調査をした。その時に『作庭記』にある干潟模様がそのまま実在したことを明確にした。

　千葉家庭園は右図にあるように毛越寺の干潟模様を現代感覚で表現している。苗字に因み「千波庭」と命名したが、単なる語呂合わせではない。庭にはベンガラ色の洗い出しと苔、ツツジ、白砂がある。

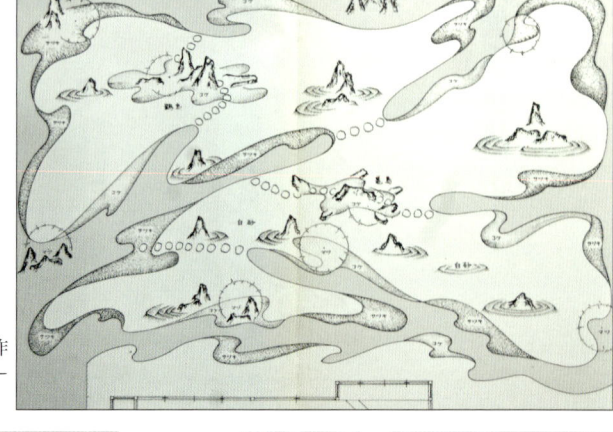

千葉家出島の設計図（出典：重森三玲作品集刊行委員会『庭　神々へのアプローチ』折込み⓮）

鮮やかな出島と亀島（写真提供：千葉家）

鶴島（左）と三尊石（写真提供：千葉家）

毛越寺　美しい洲浜

八木家 京都市東山区 非公開

　重森は晩年、比較的大きな庭園を作った。しかし当家の庭は狭いところにぎっしりと石を組んでいる。小さな庭にもかかわらず迫力が感じられるのは、三方が壁や竹垣で囲まれているからである。周囲と縁を切ったことにより、庭園本来の石組の面白さが抽出されるからであろう。このようなスタイルは、春日大社、石清水八幡宮、少林寺にもみられるが、ここで再び採用した。

　重森の庭は基本的には石、苔、白砂の三要素からなっており、それを際立たせるために、庭の周りをデザインした竹垣で囲っている。コンパクトではあるが、端的に重森の世界を表現している。ただし、個人所有の庭なので、潤いを持たせるためにツツジを植えて安らぎを与えている。この庭からツツジを取り去れば東福寺本坊の庭に見えてくる。

右側からの全景

七五三の庭全景　石は手前から5石、2石、3石、3石と4列に13石を配石しているが、手前から2列目の2石をその前後の列に加えれば七五三になる

福智院Ⅲ 【愛染庭】　和歌山県高野町　条件付公開

　「愛染庭」は、山門を入ったところにある。その奥にあるのが本堂であるから、本堂前庭ともいえる。門から玄関に向かってインカ風の敷石があり、前庭との間に光悦垣が設けてある。その奥には大きな築山が連なっていて、多数の石組がなされている。この石組がもの凄い物量で、見た途端感嘆せずにはいられない。光悦垣前の築山は苔で湧き上がる雲が表現されており、躍動的である。その奥にある石柱群は豪華絢爛だ。

　本堂前にある格子模様は厳格な線によって意匠されており、格子の中には白砂と赤砂が交互に敷いてある。「愛染庭」の名は本尊の愛染明王に由来する。

ダイナミックな築山と石組

豪華絢爛たる蓬莱連山の石組

目の眩むような石組

この現代的な幾何学模様は校倉造の宿坊にマッチしている

本堂前から見た石組群

インカ風を基調とした敷石と光悦垣

松尾大社Ⅰ　【上古の庭】　京都市西京区　公開

　遺作となったこの庭については、まずは重森と神との最後の交信を聞いてみよう。
　「石を組む上での技巧というものがあるとすれば、この場合は全く無技巧の技巧ということだけである。神の存在に接近することを念願しつつ、神としての感覚のひらめきのみが必要である。石が立つまま、傾斜するまま、そこに極度に細密な神経をつかいながらも、神としての石の命令を受けて、石の「そのまま」とか、「もうよい」とか、「このように起こせ」とか、「ここまで深く入れよ」といった、言葉ならぬささやきに神経をとがらせているのである。それは、単に松尾大社の猛霊の意のままに、石を扱ったのであった」（重森三玲・重森完途著『日本庭園史大系33』p93）。
　この文ほど神の庭を作るに当たっての心構えを伝えるものはない。庭は磐座（いわくら）のある松尾山の斜面にあるが、石組が豪華、剛健といった表面的な言葉では形容できない。この庭には神秘的で畏怖を感じさせる何かがある。重森が目指した神と石と人間の三位一体が実現したのである。無技巧の技巧ともいうべき境地は重森の芸術活動の総決算にふさわしい。重森は「蓬莱の庭」を完成させずに他界したが、神の世界に踏み込んでしまったことに松尾の神に許しを乞うたそうである。まさに命と引き換えにこの「上古の庭」を作ったのだ。なお、この庭を深く感じるために、山頂にある磐座を参拝することをお薦めする。圧倒的な迫力で迫ってくる巌の神秘に心を打たれる。このような自然の神秘が日本人の精神の拠りどころであるからだ。

山上に鎮座する磐座

松尾大社背後の山には磐座があり神々の庭といえる

左奥の 2 本の立石は 2 祭神

我々に緊張を強いる、危なげに傾斜した石組こそ重森の真骨頂

松尾大社Ⅱ 【曲水の庭】 京都市西京区 公開

　背後の山には霊泉が湧き、谷あいには神亀の滝がある。神殿下にある「蓬莱の庭」の位置には重森が作庭する以前から池庭があった。そこへ水を引くための水路があった場所に「曲水の庭」を作った。この庭は築山部分と曲水部分からなっている。築山は神殿、宝物館側を高くして、三尊式の立石をいくつも組んであり、曲水がその築山の下を流れている。

　曲水には左右からそれぞれ3本の出島が突き出している。曲水の意匠を際立たせるため、護岸に石は立てていない。その代わり出島の上や川の流れの中に石を立てている。この手法は枯山水の手法と同じである。つまり水を流しても、水の代わりに白砂を敷いても重森の庭は同じ配石手法なのである。

　また出島の長さを強調するために、その先端に岩島を配している。

　なお、宝物館の横には変形の七五三石組の「即興の庭」がある。

築山部分には三尊石が幾組もある

背後の霊泉と神亀の滝が重森に「曲水の庭」を作らせた

松尾大社Ⅲ　【蓬莱の庭】　京都市西京区　公開

　重森最後の庭は池泉庭園となったが、これは重森が作庭する以前から池庭があったためである。設計図は重森三玲が書いたが、施工監督は長男の重森完途である。広大な池中に蓬莱島など四神仙島や岩島、舟石を配し、北部には巨大な石柱群による龍門瀑がある。四神仙島の護岸はモルタルで作られ、石組はなく、枯山水庭園と同じ手法の抽象的な配石である。

　筆者の知るところによると、重森は龍門瀑を生涯で15作っている。当初は平面的な構成であったが次第に山畔を利用した立体造形に変化していった。松尾大社の滝は、重森が作った龍門瀑の中で最も立体的な構造をしている。水落石、滝添え石以外に、10本もの立石があり、まことに壮観な滝である。鯉魚石は完全に立ち上がっていて、新しい意匠である。

池泉庭園でも護岸石組のない、立石主体の庭

雄大で、かつ立体的な龍門瀑

一休庭談：敷石を鮮やかに甦らせる

　時の経過とともに、敷石の汚れは目立つようになる。重森は、敷石を単なる歩く場所と考えていただけではなく、色彩、デザインの効果も期待していた。形は残っているものの色彩効果が大分落ちてきた庭も見られる。
　家庭用高圧洗浄機を用いて敷石の洗浄を行い、当初の色彩を復元した。

衣斐家　洗浄前

衣斐家　洗浄後

西禅院Ⅰ　洗浄前

西禅院Ⅰ　洗浄後

福智院Ⅱ　洗浄前

福智院Ⅱ　洗浄後

第二部 古典庭園と重森枯山水

第一章　古典から学ぶ

龍安寺

　重森の現代枯山水庭園を論ずる前に、古典庭園を一覧し、時代背景、地形の状態、石組手法、技法について考察する。

　重森は現代の日本庭園を体系化したが、古典庭園と無縁ではない。いや古典庭園を徹底的に研究したからこそ、現代の庭を創造することができたのだ。

　雪舟の山水画的な鋭い輪郭線の石組、龍安寺の有機的な繋がりの石組、大仙院の水墨画的な抽象造形、粉河寺や阿波国分寺の緊迫した立体造形が、禅の作法や琳派の色彩などとともに、重森の庭園に大きな影響を与えていると筆者は考える。

　そこで、本章では「古典庭園の立体造形の手法」と「古典庭園の技法に学ぶ」と題して、重森の作品を古典庭園と対照させながら考察したい。

1──古典庭園の立体造形の手法

　池泉庭園と枯山水庭園に分けて古典庭園の立体造形の事例をみる。

1・1──池泉庭園

　古典の名園といわれる庭は、ほとんどが池泉庭園である。王侯貴族や大寺院の庭園は水の便がよい広大な敷地に池を掘って作られた。池には鶴島や亀島の石組がされ、池の護岸にも石が組まれた。また段丘状の斜面や山畔には滝などが石組された。石組は当初は小さな造形物であったが次第に大きく迫力のあるものとなり、自ずと立体造形が得られるようになった。

　「重森はむやみに石を立てすぎる」と揶揄する向きもあるが、立石はすでに古典庭園にも存在していて、立石こそが日本庭園ともいえる。そこで、彼が古典庭園のすぐれた部分をとり入れて、現代感覚に合致した庭園を完成させたプロセスを追ってみよう。

❶ 鶴亀島の造形、護岸への石組

　鶴亀島を作れば自ずと立体造形が得られる。護岸に石組をするようになったのは鎌倉時代からであり、時代とともに次第にその石組は多くなり立体造形の面白さが増していく。

恵林寺　　：夢窓国師が作った庭で、2本の立石の間から滝が落ちている。
西芳寺　　：池泉庭園には三尊石の原点といえる石組がある。
鹿苑寺　　：葦原島の三尊石などの護岸は、室町時代の豪快な石組である。
旧亀石坊　：伝雪舟作の庭。護岸には巨石を使い、出入りの多い変化にとんだ石組。
阿波国分寺：重森に大いに影響を与えた激しい立体造形である。
二条城　　：蓬莱島、鶴亀島のすべての護岸は石組で埋め尽くされている。
旧秀隣寺　：一対の鶴島、亀島は傑作であるが、鶴島は大胆にも1石で鶴を象徴する。
桂離宮　　：単に優美であるばかりでなく立石、伏石がふんだんに組まれている。

恵林寺　山梨県

西芳寺　京都府

鹿苑寺　京都府

旧亀石坊　福岡県

阿波国分寺　徳島県

二条城　京都府

旧秀隣寺　滋賀県

桂離宮　京都府

第一章　古典から学ぶ

❷ 山畔への石組

　山畔に庭を設けることができるならば、豪華な立体造形が得られる。さらにそこに水があれば滝組を作ることができる。有名な寺院の庭園は、このような環境である場合が多く、迫力ある造形と滝の景観が得られる。

天龍寺　：最も有名な龍門瀑である。滝は上下二段あり、その中間に鯉魚石がある。圧倒的な迫力は山畔に組まれた石組だからこそであろう。
萬福寺　：枯滝の下から鯉魚石が垂直に飛翔している。
永保寺　：磐座を思わせる梵音岩と飛瀑泉がある。夢窓国師が足掛け5年間逗留した。
観音寺　：輪郭の鋭い青石を豪快に組んだ戦国時代名残の滝。
保国寺　：入り組んだ山畔に、多くの立石と鋭い形の横石で枯滝を組んでいる。この庭を見ていると、まるで重森の庭を見ているような錯覚に陥る。
旧政所坊：小さな池であるが山畔に組まれた護岸石組は素晴らしい。
諏訪館跡：上段の池から滝が落ちるように組まれている。ここには他に湯殿跡、朝倉館跡、南陽寺跡庭園があり、まさに戦国武将の庭だ。
南禅院　：急峻な山畔に龍門瀑が組まれていて、その横には坐禅石がある。
粉河寺　：江戸時代に無名の庭師がかくも豪快無比、奇想天外な石組をしたことに感動する。重森はこの庭に刺激を受け、漢陽寺の庭を作った。

天龍寺　京都府

萬福寺　島根県

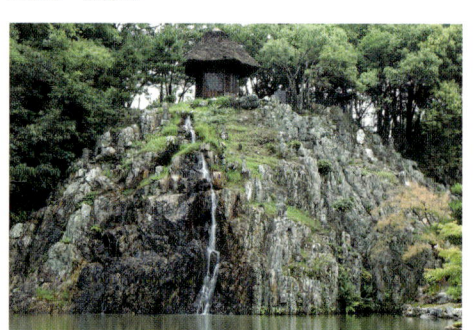

永保寺　岐阜県

観音寺　徳島県

保国寺　愛媛県

旧政所坊　福岡県

諏訪館跡　福井県

南禅院　京都府

粉河寺　和歌山県

第一章　古典から学ぶ　　191

❸ 傾斜地への石組

　山畔と似た地形であるが、やや長めの斜面に石組をした庭園である。段丘状に石組されているため、下から見ると迫力がある。このような地形はたやすく得られないが、豪華な立体造形を得るためには絶好の地形である。

東光寺　：伝蘭渓道隆作の庭。斜面一杯に山石が置かれ、龍門瀑の原点といわれている。
西芳寺　：空前絶後といわれる龍門瀑は急峻な斜面に組まれた三段の枯滝だ。この石組は禅庭園の原点であり、古典庭園の白眉である。
小川家　：傾斜地を築山のように扱った、室町時代を象徴する剛健な滝。
萬福寺　：斜面に九山八海を表す石組があり、頂上の特異な形の石は須弥山を表す。鋭い石が立体的に組まれている、伝雪舟作の庭だ。
旧玄成院：山裾の岩盤の上に須弥山を中心とした環状の石が組まれている。
楽々園　：築山斜面の渓谷には激流が流れ、須弥山石、玉澗流の橋、豪快な滝がある。
青岸寺　：鶴亀島から山裾にかけて、角張った石が累々と組まれている。斜面には特異な形の三尊石や不動の滝がある。
光前寺　：谷あいに4本の立石があり、碧巌石横の跳躍した鯉の姿が美しい。
神宮寺　：傾斜地に青石がびっしりと組まれている。板状の青石をふんだんに使った、鮮やかな手法である。

東光寺　山梨県

西芳寺　京都府

小川家　島根県

萬福寺　島根県

旧玄成院　福井県

楽々園　滋賀県

青岸寺　滋賀県

光前寺　長野県

神宮寺　兵庫県

第一章　古典から学ぶ

1・2 ── 枯山水庭園

　室町時代も応仁の乱後、禅寺には塔頭が多くつくられたが、寺院が疲弊していたこともあって、水を流し植栽する庭は作りにくくなった。そこで、自然をそのまま写すのではなく、水墨画のように自然を抽象し大胆にデフォルメした庭園が作られるようになった。

❶ 平地における枯山水庭園

　平地に石を配しただけの抽象的な庭の試みがなされた。重森の原点ともいえる。外界から隔絶された平面のみで造形を得ようとすれば、刺激的な立体造形は不可能である。しかし意味のある有機的石組をすれば、見る者に静かな感動を与えることができる。

龍安寺　：この庭は小石の役割が非常に大きく、余白の中で15石が有機的に繋がっていて、そこがこの庭の魅力であり秘密である。

東海庵　：極小の坪庭。周囲を建物で囲まれた不思議な空間に、7石が一直線に並ぶ。見る者に緊張感を与えるこの庭は、観賞し終わった後も余韻が残る。

常栄寺　：広い面積に立石と横石を配している。重森枯山水の源流ともいえる。

北畠神社：鋭く尖った須弥山石を中心に、螺旋状に配石されている。戦国武将の庭。

聚光院　：2つの石組群が石橋でつながっている。

願行寺　：栗石を敷き詰めた庭に、二河白道の物語が造形されている。

龍源院　：方丈北側の石組は雲海から上昇する龍だ。

龍安寺　京都府

東海庵　京都府

常栄寺　山口県

北畠神社　三重県

聚光院　京都府

願行寺　奈良県

龍源院　京都府

第一章　古典から学ぶ

❷ 築山を設けた枯山水庭園

　築山に石組すると、大規模な工事を行わなくとも立体的な造形が得られる。そのためこの方法は比較的多く採用された。いずれの庭も枯滝から流れ落ちる激流は方丈を取り巻くように広がっている。この手法は重森生家の庭に直接影響を与えている。

大仙院：古岳宗亘禅師作の枯山水庭園である。龍安寺とともに元祖枯山水の双璧で、重森が最も影響を受けた庭の1つである。

普賢寺：低い築山に三尊石が立っている。主石からは枯滝が轟音をたてて落ちている。鯉魚石はやや離れた所から枯滝に向かう。

安国寺：築山を設けた枯山水としては、地方で最も古い庭園であり、重森が復元した。

酬恩庵：小さい庭ながら鋭い角を持つ石を使った密度の高い庭。造形は大仙院に倣っており、張り詰めた空気が漂う。

普門寺：左奥の築山から枯滝が流れ出し、低く架かった橋をくぐり大海に注いでいる。作者は桂離宮造営に参画し、円通寺を作った玉淵といわれている。

大通寺：霊峰伊吹山を望む庭。築山には三尊石の枯滝があり、さらにその下にも轟き落ちる名石を使った枯滝がある。

大仙院　京都府

普賢寺　山口県

安国寺　広島県

酬恩庵　京都府

普門寺　大阪府

大通寺　滋賀県

第一章　古典から学ぶ

❸ 枯池式の枯山水庭園

　この様式は、安土桃山時代から江戸時代初期にかけて流行したスタイルである。池泉庭園を作るには、水と広い面積が必要である。一方、枯池式庭園は水がなくても簡単にどこにでも作ることができる。白砂の中に亀島、鶴島を築けば、池泉庭園のように必然的に護岸を作ることになり、石による立体造形が得られることになる。

退蔵院　　　：築山に枯滝、蓬莱連山があり、中央にある亀島に石橋が架かる。白砂を水に見立てると、池泉庭園のようだ。
円徳院　　　：安土桃山時代の分厚い橋があり、斜面には名石が所狭しと並んでいる。
旧徳島城表御殿：広大な敷地は枯山水庭園と池泉回遊式庭園に分かれている。両庭とも青石を中心とした巨石で埋め尽くされている。上田宗箇の作。
真如院　　　：鱗状の石を水流に見立てた庭を重森が復元した。
阿波国分寺　：石組はどの部分をとっても激しい立体造形だ。とりわけ本堂周辺の枯山水部分は巨石が林立し、見る者を圧倒する。
本法寺　　　：本阿弥光悦が作ったといわれている。水落石が斜めに組まれた特異な枯滝。
曼殊院　　　：王朝風のやさしい枯山水庭園。特徴的な橋が2カ所ある。
頼久寺　　　：一対の鶴亀島がきわだっている。小堀遠州の処女作である。
松尾神社　　：平地に2つの島を作り、護岸を豪快に石組し、分厚い橋でつなげている。江戸時代末期の作品としては力強い。

退蔵院　京都府

円徳院　京都府

旧徳島城表御殿　徳島県

真如院　京都府

阿波国分寺　徳島県

本法寺　京都府

曼殊院　京都府

頼久寺　岡山県

松尾神社　滋賀県

2 ── 古典庭園の技法に学ぶ

　重森が独自の境地を開くためには、古典庭園から学ぶ必要があった。全国の庭園を実測して、時代ごとの特徴を根本から学んでいる。重森のデザインは永遠のモダンを創出したといわれるが、実は古典の庭園に包含されているモダンな部分を抽出したのだ。古典庭園の精神を採用するのであって、生の形を真似るのではなく、その意味するところを抽出した。必ず換骨奪胎して独自の境地を開いたのである。

2・1 ── テーマ

❶ 龍門瀑

　禅宗では古来より多く用いられたテーマであり、重森も終生挑戦した。このテーマは禅の聖典である『碧巌録』に由来するため、精神的な物語を生むと同時に、重森の立体造形も実現できた。

西芳寺　南北朝時代

天龍寺　南北朝時代

鹿苑寺　室町時代

村上家　昭24

❷ 九山八海（須弥山）と蓬莱山

　九山八海は仏教における宇宙観を具体的な形で表す。8つの山と海に囲まれた中心に須弥山が聳えている。造形は環状または螺旋状で、中心の須弥山は鋭利な刃物の形だ。古典では萬福寺、北畠神社が有名。重森は志度寺、漢陽寺で採用した。一方、蓬莱山は中国の道教思想の神仙島の1つで、そこには仙人が住み、金銀財宝があり、長寿延年の秘薬があるといわれていた。特に蓬莱山は抽象的な石で表現され、東福寺本坊が有名である。

萬福寺　室町時代　九山八海 　　　志度寺　昭37　九山八海 　　　漢陽寺Ⅱ　昭44　九山八海

二条城　江戸時代　蓬莱山 　　　小河家Ⅰ　昭35　蓬莱山 　　　芦田家　昭46　蓬莱山

❸ 三尊石—阿弥陀三尊、釈迦三尊、薬師三尊、弥勒三尊などを象徴

　庭園の中心部に三尊様式の石組を置くことは古来より行われていた。三尊石には思想的な重さ、造形上の面白さ、視覚的な安定効果がある。重森は枯山水庭園にこの手法を多く採用した。

深田家　鎌倉時代 　　　　　　　西芳寺　南北朝時代

鹿苑寺　室町時代 　　　　　　　豊國神社　昭47

第一章　古典から学ぶ　　201

2・2 ── 形

❶ 鶴島と亀島

古来最も多く用いられたテーマであるが、具体的過ぎるため重森はあまり使わなかった。例外的に石像寺で「四神相応」のテーマに基づき、朱雀と玄武を象徴した鶴と亀を造形した。

深田家　鎌倉時代　鶴島

金地院　江戸時代　亀島

石像寺　昭47　朱雀（鶴島）

石像寺　昭47　玄武（亀島）

❷ 龍

誰もが簡単に扱えるテーマではない。龍は空想上の動物で中国では皇帝を象徴し、禅宗では修行者が悟ると龍になるという「龍門瀑」の故事があり、重たいテーマであるからだ。龍吟庵、石像寺「四神相応」の青龍、岸和田城「龍陣」においてのみ採用した。

龍源院　室町時代

龍吟庵　昭39

石像寺　昭47

❸ 三橋と分厚い橋

　古典庭園では、天龍寺の三橋や安土桃山時代の分厚い橋の伝統が生まれた。重森はこの手法はほとんど使っていないが、わずかに小河家Ⅰ、志度寺で採用した。

天龍寺　南北朝時代　三橋

旧徳島城表御殿　江戸時代　三橋・分厚い橋

小河家Ⅰ　昭35　三橋・分厚い橋

志度寺　昭37　分厚い橋

❹ 舟石

　一石で役割を果たし、物語が生まれるため比較的多用された。古典庭園では西芳寺、大仙院、常栄寺、旧徳島城表御殿、二条城が有名である。重森も多くの庭に舟石を置いた。

大仙院　室町時代

旧有吉家　昭39

第一章　古典から学ぶ　　203

2・3 —— 色彩

　日本庭園において、重森ほど色彩にこだわった作家はいない。彼が幼い頃から生け花を習い、日本画家を目指したことと無縁ではない。

　古典庭園を色彩の観点から見ると、意外にも枯山水庭園の原点ともいうべき龍安寺の石は色彩に満ちている。また、大仙院も、色を意識した石が用いられている。桂離宮では敷石や護岸の石はさまざまな色彩で満たされており、旧徳島城表御殿庭園は豪快かつ華麗で、重森が影響を受けた庭である。重森はこれらの色に着目し、現代の色彩感覚にあった庭を作った。例えば石像寺では、石組、敷石、敷砂は四神を現わす色で統一し、神話を現代的に解釈しているし、旧友琳会館では鮮やかな色彩を用いた。この他、各所の敷石に鮮やかな青石や赤石を用いている。

桂離宮　江戸時代

龍安寺　室町時代

旧徳島城表御殿　江戸時代

西禅院Ⅰ　昭26　赤、青石 　　　　　　　　岡本家　昭32　青、紫の緑泥片岩

小河家Ⅰ　昭35　多色の石と朱色の目地 　　小林家　昭46　赤い目地と青石の出島

石像寺　昭47　朱雀は鞍馬の赤石

第一章　古典から学ぶ

2・4 —— 石組様式

❶ 対象物を動かす—躍動的な造形

　天龍寺の夜泊石、鹿苑寺の鶴島、亀島は観賞の仕方で石組が動いて見える。重森も龍吟庵、斧原家、本覚院で庭石が動くように錯覚させる工夫をした。

天龍寺　方丈の廊下を歩くと夜泊石が動きだす 　　**鹿苑寺**　出島を見ながら歩くと亀島が動く

龍吟庵　昭39　龍頭から目を離さずに廊下を歩くと、龍が動くように錯覚する

❷ 逆遠近法

　主な石組の手前に小さな石を置き、奥の石をより大きく感じさせる方法である。古典庭園では鹿苑寺、桂離宮などにある。重森作品では瑞峯院がこの手法である。

鹿苑寺　室町時代

瑞峯院　昭36　右写真のように手前の小石を除くと、奥の石が小さく見え、奥行きがなく動きが止まり、躍動感が失われる

❸ 立体造形

　重森の庭は煎じ詰めれば次の二点に要約できる。まずは単純化した素材で抽象的な枯山水様式の庭を作ること。次に連続的な立体構造を造形することである。

常栄寺　室町時代

阿波国分寺　江戸時代

福智院Ⅲ　昭 50

松尾大社Ⅰ　昭 50

❹ 延段

　禅寺の玄関の意匠に起因するが、重森も多用した。

桂離宮　雨落ち石と飛石

桂離宮　真の飛石

芦田家　昭 46

第一章　古典から学ぶ　　207

2・5 ── 素材

❶ 石・白砂の二要素

　重森は庭を自然の縮景ではなく、自然の抽象と考えていた。そのため石と砂に還元した最も単純な世界を目指した。重森の作例は下に示した岸和田城、石清水八幡宮、興禅寺、漢陽寺の他に前垣家、龍吟庵、天籟庵などがある。

東海庵　江戸時代

岸和田城　昭28

石清水八幡宮Ⅰ　昭27

興禅寺　昭38

漢陽寺Ⅲ　昭44

❷ 石・苔・白砂の三要素

　重森は白砂の余白が重要であることを再発見した。また彼の枯山水庭園の源流である龍安寺では、苔は自然に生えたと思われるが、重森はここに着目し、苔の量を多くして落ち着きのある庭にした。

龍安寺　室町時代

東福寺本坊　昭14

第二章　重森の枯山水はなぜ刺激的か

松尾大社

　重森の庭は、非常に刺激的である。色彩や立体的な造形が、挑戦的であるからだといえよう。一般的な庭を観賞した時に我々が感じる安らぎとは、明らかに異なった刺激がそこにはある。観賞者はまるでとげが刺さったような気持ちになり、庭のたたずまいが気になる。この感情は何によるものであろうか。

　ここではテーマ、抽象、造形（立体的・平面的）という3つの視点から重森の庭を考えることにしよう。

　下図に示したように、重森は、まず、庭が置かれている状況にあったテーマを設定し、次にそのテーマを現代的な感覚で抽象する。ここでいう抽象とは、ありのままに写すのではなく、自然の要点をテーマに沿って抽出することである。

　次にその抽出したものを造形する。彼の庭は、連続する立体造形が特徴であるといわれているが、それだけでは深みのある庭園にはならない。そのため、重森は平面的な造形にも独特の創作を加えた。例えば奥行きの少ない地形でも庭の深さを感じさせる工夫をしたり、神話に出てくる神仙島を設けて、鶴亀島の形にとらわれない自由な石組（いわぐみ）をした。さらに重森には、洲浜は海洋を表す日本庭園の基本的な要素である、との格別な思い入れがある。よって、洲浜の造形に関しては平面造形の項で、その由来と発展の様子を詳しく述べたいと思う。

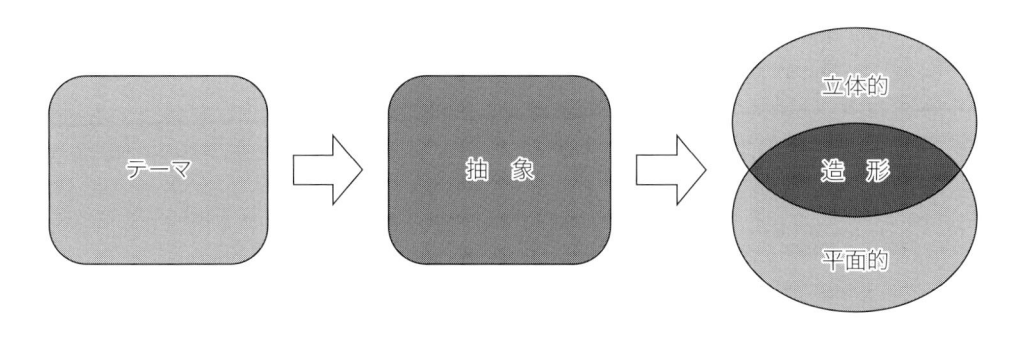

テーマ　⇒　抽象　⇒　造形（立体的／平面的）

1 ──テーマの必要性

　古来より、日本庭園は宗教的な意味を含んでいた。重森は、テーマがないと庭園は単なる石や植物の寄せ集めになってしまうと考えた。まずテーマを決め、次にそれを現代感覚で表現したのである。彼の傑作である春日大社、東福寺本坊、岸和田城、瑞応院、瑞峯院、興禅寺、龍吟庵、住吉神社、旧友琳会館、石像寺、漢陽寺Ⅲ、豊國神社、松尾大社などはテーマなしにはありえない。単なる形ではなく、造形の意味に主眼を置いたのである。

　重森は、テーマは芸術作品にとって不可欠の要素であるが、その時代の人々の生活に必然性があるもののみを選ばなければならないことを強調した。そして、仏典などのテーマを安易に選択する作庭法を以下のように戒めている。

　「テーマと言うことは一つの芸術作品を作る上に絶対に必要なことであるが、その代りこのテーマが純粋性に欠けていた場合は、逆にその作品はとんでもないものになってしまうのである。……蓬莱思想や仏教思想の理想や信仰の衰えた時代に入ると、最早そのテーマが何の意味もなくなって芸術とは無関係になり、テーマがある為に、その作品は駄目になってしまうのである」（重森三玲・重森完途著『庭　作る楽しみ観る楽しみ』p53）。

　以下に重森庭園のテーマの表現は、以下の表のようになる。

庭　園	テ　ー　マ　の　表　現
春日大社Ⅰ、Ⅱ	テーマは七五三。中心の5石は祭神数に合わせ、造形は直線を旨とし、平面造形では苔地と白砂で斜線に区切り超自然の形にした。 遣水のテーマは春日若宮の龍神信仰に因み稲妻をかたどった。
東福寺本坊	横石を大胆に使って林立する石群を際立たせ、蓬莱島を初めとした四神仙島を従来にない独創的な石組にした。
岸和田城	諸葛孔明の八陣のテーマを抽象した表現（造形においては立石群の立体造形と基壇の平面造形を組み合わせた）。
瑞応院	信長の焼き打ちを逃れた、延暦寺縁の二十五菩薩来迎図を象徴した石組。
瑞峯院	寺銘の瑞峯に因んだ霊峯を立て、深山幽谷で一人修行する姿を、現代のわれわれに問いかける造形である。
興禅寺	山間の寺にふさわしいテーマとして、雲海を表現。
龍吟庵	庵名に因んで、龍が黒雲に乗って上昇する様子を表現。
住吉神社	山間の庭であるが、当社が海神に因んでいることから海波を象徴した。
旧友琳会館	京都の友禅染に因んだ束熨斗模様をテーマとした。造形は光琳と友禅斎のデザインを抽象した。
石像寺	寺の起源でもある磐座と呼応させ、四神相応をテーマとした。青龍、白虎、朱雀、玄武の石組には色彩を取り入れた。
漢陽寺Ⅲ	坪庭に環状に石を配し、幾分左側に傾け、地蔵と童が遊ぶ姿を造形した。
豊國神社	秀吉を象徴する千成瓢箪をテーマとした。テラスのデザインは流麗である。
松尾大社Ⅰ	山頂にあるご神体の磐座をテーマとした。神を具体的に表現することは困難であるが、青石を林立させ松尾の神を象徴し、森厳な雰囲気を表現。

❶ 三尊石

　三尊石とは仏像の三尊形式を表現した石組である。

　大覚寺大沢池の名古曽の滝が古く、有名なものは西芳寺の2組の三尊石で、池庭の護岸と龍門瀑下部の亀島にある。

　重森庭園に三尊石は枚挙にいとまがないが、光明院では三尊石が3組もあり、戦後初めての庭である村上家には龍門瀑を兼ねた斬新な形の三尊石がある。以下の山口家以後の三尊石組はいずれも青石によるものであるが、桑村家の三尊石の主石は須弥山のようであり、旧有吉家、田茂井家では縞模様の入った希少な石である。

村上家　昭24

山口家　昭36

桑村家　昭37

旧有吉家　昭39

田茂井家　昭45

小林家　昭46

❷ 龍門瀑

　重森は終生このテーマと向き合った。龍門瀑は宗教的な意味もあるが、立体造形を作るには格好のテーマである。立地条件により地形（平地・山畔）、流水（有・無）、滝口（凹型・凸型）、立体性（奥行きの有・無）の四要素に基づき龍門瀑が生み出されていることがわかる。西山家、斧原家の龍門瀑は低い築山に、村上家では平地に作った。しかし、それ以後は善能寺のように主として山畔の立地を活かした奥行きのある龍門瀑になった。以下に重森の龍門瀑（可能性を含む）を紹介する。筆者は龍門瀑の庭を15庭調査したが、本書ではそのうち14庭を記載している。

西山家　昭15

斧原家　昭15

村上家　昭24

西禅院Ⅰ　昭26

西南院　昭27

光臺院Ⅰ　昭28

浅野家　昭 42

霊雲院Ⅰ　昭 45

正覚寺　昭 45

霊雲院Ⅱ　昭 45

善能寺　昭 47

泉涌寺妙応殿　昭 48

福智院Ⅱ　昭 48

松尾大社Ⅲ　昭 50

❸ 舟石

　古典庭園には、舟石は意外と少ない。西芳寺、常栄寺、大仙院、旧徳島城表御殿、蓮華寺、金剛輪寺などに見られる。重森の庭に例が多いのは、枯山水庭園では白砂の中に舟石一石入れるだけで、物語が生まれるからである。西山家の舟石は大仙院のそれにそっくりで、岡本家では大蛇を思わせる特徴的なものである。他にも河田家、村上家、前垣家、織田家、桑村家、小河家Ⅰ、旧有吉家、正覚寺、旧重森家、小林家、松尾大社Ⅲにも見られる。

西山家　昭15

河田家　昭30

岡本家　昭32

❹ 磐座（いわくら）・磐境（いわさか）

　磐座を取り込んだ庭、磐座に因んだ庭、磐座を望む庭、磐境をかたどった庭がある。

正智院　昭27

松尾大社Ⅰ　昭50

❺ 無量光

　阿弥陀や観音の慈悲が無量光となって、あまねく輻射される。

光明院Ⅰ　昭14　三組の三尊石から発せられた光明の線上にすべての石が置かれている

四天王寺学園　昭38

正眼寺　昭45

第二章　重森の枯山水はなぜ刺激的か　215

❻ その他のテーマ
　重森は単に空間を石によって立体造形するのみではなく、必ず何かのテーマを潜ませる。テーマのない庭では石組が意味を持たないからだ。

西山家　昭15　青龍

岸和田城　昭28　八陣

瑞応院　昭31　阿弥陀聖衆二十五菩薩来迎

漢陽寺Ⅲ　昭44　地蔵遊戯

田茂井家　昭45　浦島伝説

漢陽寺Ⅵ　昭48　玉澗流　中国の玉澗が描いた水墨画は虚空に架かる橋がテーマとなっている。同じくこの橋をテーマとした有名な庭に粉河寺、名古屋城がある

豊國神社　昭47　千成瓢箪

2——抽象の難しさ

　枯山水庭園といえば、われわれはまず龍安寺の庭を思い浮かべる。しかし枯山水庭園を詳しく調べてみると、龍安寺のように超自然を表現した庭から、水墨画のように具体的な風景を抽象的に表現した庭や、ほとんど池泉式と変わらない庭まで各種ある。重森の枯山水庭園を古典庭園と比較すると、その高い抽象度に驚かされる。重森がいかに平面における抽象的表現にこだわったかが理解できる。

　では単に水がなければ枯山水庭園といえるであろうか。そのような単純な考えの庭が歴史の重みに耐えられるはずがない。それでは庭園が世界的な芸術としての地位を得て、時代の移り変わりに耐え得るためには、どのような知的作業が必要なのであろうか。それを重森は「自然を抽象する能力」と答えた。その理由は、庭園芸術は素材も対象も自然そのものであるからである。

　絵画における写実は、三次元の対象を二次元にすることであるから、すでにその作業段階で抽象されている。さらにデッサンされたものに彩色をするが、絵具は自然の素材ではなく、彩色された色もタッチも自然そのものではないから、そこに表現されているのは作者の心象である。つまり絵画の制作はすぐれて抽象的な作業だといえる。

　これに対して、庭園では石や木、水などの素材は自然そのものである。形まで自然をそのまま写実したのでは自然の単なる縮小コピーになってしまい、矮小化した自然の模倣になってしまう。この考え方が果たして重森の言葉によって裏付けられるだろうか。

2・1——自然とは異なる人間の自然を抽象すべき

　重森は自然からのエキスの抽出こそが芸術であると次のように主張する。
「生の自然の美は、神の創作したものであるが、庭の自然は、人の創作した自然である。庭の自然は最早只単なる生の自然ではなく、人間が別な自然を世に生んだものである。従って、庭は、あくまでも、自然の中に盛られた美を抽象し、自然の美のエキスを抽出し、その作者にのみなし遂げられた唯一無二の創造によって作られたものだけが庭である」（重森三玲・重森完途著『日本庭園史大系28』p13）。

　すなわち、単に自然界を縮小コピーするのではなく、自然界から最も重要な要素を抽出すること、「超自然」、「第二の自然」、「作者の自然」を創作することこそが芸術である。

　重森の「脱自然主義」宣言により、日本庭園は名実ともに世界的な芸術に昇華した。

2・2——抽象による創作庭園について

　創作庭園と言葉で書けば簡単であるが、実際にそれが身につくためには重森ですら、生みの苦しみを味わっていて、以下のように述懐している。「私は作庭の最初から創作と言うものをモットーにして来た関係で、人々にもそれを宣言してきたのであった。然しながら、十庭ばかり作庭した当時、最早一庭一庭の全く変化と言うことは多大な負担になって来た。非常な苦しみを経験し始めたのであった。然し人々にも宣言している限り、今更、

不可能だと後退する訳にも行かないし、創作と言うものの難産をイヤと言うほど味わったのであった」(重森三玲・重森完途著『庭 作る楽しみ観る楽しみ』p57〜58)。

2・3──枯山水の原点─土塀に囲まれた平庭の空間に小宇宙を作る

重森は抽象度の高い庭にするためには、外界の景色を遮断し、三方を壁で囲まれた平庭にすべきと考えていた。枯山水という語義は、もともと自然のままの山水ではなく、自然を抽象したり象徴したりした山水ということである。彼は次のように述べている。
「本来の枯山水は超自然主義的なものであり、抽象主義や象徴主義的なものだけに、竜安寺式のものには築山があるはずはない。従って枯山水の築山は、同じ枯山水の中でも池庭的傾向になったものに限られている。……大仙院庭園、退蔵院庭園……。これらの諸庭園は、枯滝を設けることによって、築山を必要としたのである。……退蔵院の枯山水が、完全にその地割まで池庭的であることによって、池庭的山水の構成を求めた必然の結果である。……つまり築山を作るということ自体が、自然景観的であり、生得の山水というわけであるから、枯山水に築山は、本来的には不用の長物といえるのである」(重森三玲・重森完途著『日本庭園史大系7』p110)。

2・4──枯山水庭園の抽象度

ここでは、庭園の抽象度を、以下のような観点で4タイプに分類してみよう。
①高度に抽象的な庭：石と砂を使った造形が主体の庭で回りを壁で囲まれている。
②やや抽象的な庭：宗教的なテーマなどを抽象的に表現した庭。
③具体的な風景を抽象的に表現した庭：水墨画的で、テーマを説明的に表現するため抽象度が低くなる。
④池庭的枯山水：池の水の代わりに白砂を使った枯山水。

抽象度の高いものから低いものへと古典と重森の庭を分類し、その一例を一覧表にし、次頁にその写真を示した。高度に抽象的な事例を多く掲載したのは、古典庭園においては龍安寺、東海庵しか作例がないが、この種の庭こそが重森の特徴を示すからである。

	分類	古典の枯山水	重森の枯山水		
大 ↑ 抽象度 ↓ 小	①高度に抽象的	龍安寺 東海庵（坪庭）	井上家 前垣家（坪庭） 天籟庵	小倉家 旧友琳会館 福智院Ⅰ	石清水八幡宮Ⅰ 漢陽寺Ⅲ
	②やや抽象的	常栄寺 （枯山水部分）	東福寺本坊（南庭） 松尾大社Ⅰ	興禅寺	龍吟庵（西庭）
	③具体的な風景を抽象的に表現	大仙院	斧原家 漢陽寺Ⅵ	瑞峯院	石像寺
	④池庭的枯山水	退蔵院	前垣家（寿延庭） 田茂井家	小河家Ⅰ	北野美術館

抽象度一覧

	分類	古典の枯山水	重森の枯山水
大 ↑ 抽象度 ↓ 小	①高度に抽象的	龍安寺　室町時代 東海庵（坪庭）　江戸時代	井上家　昭15 旧友琳会館　昭44
	②やや抽象的	常栄寺　室町時代	東福寺本坊（南庭）　昭14
	③具体的な風景を抽象的に表現	大仙院　室町時代	斧原家　昭15
	④池庭的枯山水	退蔵院　室町時代	前垣家（寿延庭）　昭30

第二部　古典庭園と重森枯山水

重森の枯山水		
 小倉家　昭26	 石清水八幡宮Ⅰ　昭27	 前垣家（坪庭）　昭30
 漢陽寺Ⅲ　昭44	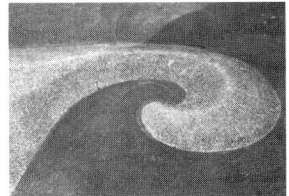 天籟庵　昭44	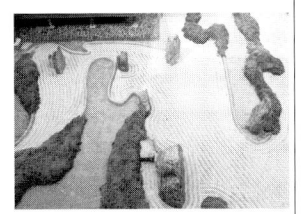 福智院Ⅰ　昭48
 興禅寺　昭38	 龍吟庵（西庭）　昭39	 松尾大社Ⅰ　昭50
 瑞峯院　昭36	 石像寺　昭47	 漢陽寺Ⅵ　昭48
 小河家Ⅰ　昭35	 北野美術館　昭40	 田茂井家　昭45

3 ── 立体造形と平面造形

　重森は古典庭園を実測調査した結果、日本庭園の真髄は「精神的な深さと造形的な面白さ」にあると考えた。前者はテーマと抽象であり、後者は変化に富む造形である。造形は立体造形（石組）と平面造形（地割）に大別できる。実際の庭園はこれらの概念が混交したものであるが、ここでは独立した項として記述する。なお本書では汎用性のある立体造形、平面造形という用語を用いたが、従来の専門用語である石組、地割（じわり）をさす。

　重森庭園と古典庭園の造形の好例を下表に示す。各欄の左側ほど立体的な造形が特徴的な庭であり、右側ほど平面的な造形が特徴的な庭である。

	←立体造形（石組）　　　　　　　　　　　　　　　　　　　　　平面造形（地割）→
重森庭園	小河家・松尾大社・東福寺本坊・岸和田城・龍吟庵・住吉神社・興禅寺・旧友琳会館
古典庭園	阿波国分寺・粉河寺・神宮寺・西芳寺・金地院・願行寺・常栄寺・龍安寺・東海庵

　重森の庭の特徴として連続的な立体造形がよく強調されるが、彼は築山や山畔への石組よりも、三方を塀で囲まれた平面に枯山水庭園を作ることに腐心した。いわゆる龍安寺式の庭である。

　重森庭園では典型的な立体造形の庭として小河家Ⅰを、平面造形の庭として興禅寺、旧友琳会館をあげておこう。

小河家Ⅰ　昭35　立体造形の庭

興禅寺　昭38　平面造形の庭

旧友琳会館　昭44　平面造形と色彩の庭

3・1 ── 立体造形の手法

ここでは、重森の立体造形の庭が作られる背景を、庭園の立地条件と立体造形のノウハウである配石手法から考察する。

3・1・1 ── 地形を利用した立石群の造形

庭園に激しい立体造形を得るのには傾斜地、山畔、築山が好都合である。重森はこれらの地形に、立体造形のすぐれた龍門瀑を作っている。

❶ 斜面地や山畔に石を組む

この地形にはすぐれた立体造形の庭が作りやすい。松尾大社Ⅰには神秘的な大空間が、漢陽寺Ⅵには重厚な玉潤流庭園が、善能寺には立体的な龍門瀑が作られた。

松尾大社Ⅰ　昭50

漢陽寺Ⅵ　昭48

善能寺　昭47

❷ 築山に石を立てる

　平地の敷地に立体造形を作るには、築山を設けて、そこに蓬莱山や三尊石や枯滝などの石組をすればよい。この手法は山畔、傾斜地での作庭に比べ、容易に得ることができる地形である。処女作から遺作までの多くの庭に見られる。

重森生家：大仙院と同様の滝組と流れがある。
斧原家　：デフォルメされた曲水の奥の築山に石組がある。
小河家Ⅰ：二重の築山には巨石が林立し、前代未聞の豪華さである。
漢陽寺Ⅰ：築山を設けて聖観音を立て、平面部に三十三変化の観音の立石を置く。
小林家　：出島の後ろにある築山に蓬莱石組がある。

重森生家　大13

斧原家　昭15

小河家Ⅰ　昭35

漢陽寺Ⅰ　昭44

小林家　昭46

3・1・2 ── 特徴的な重森の配石手法

　重森のデザインには、独特の洲浜模様、雲紋、竹垣などがある。これらは重森自身のオリジナルであり、他人は模倣すべきでない。同様に石組の手法もオリジナルである。石の配置手法は重森の個性が最も表れているところで、ここに重森の真髄が秘められている。

❶ 稜角を持つ石を使って緊張感を高める

　処女作の重森生家、春日大社の庭など初めから鋭い角を持った石が用いられている。傑作である東福寺の庭も、作庭当初は誰にも注目されなかった。下記庭園の石に注目すると、穴の開いた怪物のように異様な石やまるで鋭利な刃物のような石で、到底癒しの庭とは思えない。寺だからこそ成り立つ石組だ。

東福寺本坊　昭14

西禅院Ⅰ　昭26

龍吟庵　昭39

石像寺　昭47

善能寺　昭47

第二章　重森の枯山水はなぜ刺激的か

❷ 石を傾斜させて緊張を高める

　石を傾斜させる手法は古典庭園ではほとんどないが、わずかな例として重森が著書でよく言及する毛越寺や阿波国分寺がある。重森が多くの庭で用いたこの手法は、部分的には緊張と不安を与え刺激的であるが、全体としてみるとバランスがよくとれている。重森は著書の中で「斜線に傾けた石組に見る強大な力を、古庭園に見るのは、そこに欠けた完全さがあり、その欠けたところに空間余白が感じとられるのである」という（重森三玲著『庭こころとかたち』p47）。

香里団地公園　昭36

松尾大社Ⅰ　昭50

❸ 一直線の配石で緊張を高める

　古典庭園では東海庵の庭が有名で、重森は四方家、桜池院でこの手法を用いた。

東海庵　江戸時代

四方家　昭9

桜池院　昭27

❹ 手前に大きな石を置き遠近感を出す

　庭を少しでも大きく見せようとする手法で、古典庭園の西芳寺、龍安寺、萬福寺などでも採用されている。重森が古典庭園の実測の中で会得した手法と考えるが、著書では以下のように具体的に述べている。
「庭の遠近法は、とくに石組の場合に必要ですが、この場合は、できるだけ手前の方に大きい石とか、立石を用いることが一番よろしい。そしてこの手前の立石と対照的に、その石の後部に離して、やや小さな立石を用いますと、一段と庭が広く見えます」（重森三玲著『現代和風庭園　庭に生きる』p229）。

萬福寺　室町時代

瑞応院　昭31

豊國神社　昭47

❺ 立石を強調するために横石を配する

　重森が昭和14年に東福寺本坊方丈庭園を発表した時、人々は驚嘆を禁じえなかった。その原因は詰まるところ立石と横石の対比である。鋭く林立した巨石群と3本の長大な横石（長さ5.5m）がある。このような奇想天外ともいえる発想のヒントは古典にあるのではないか。

東福寺本坊　昭14

　古典庭園では長大な横石と立石をあわせ持つ例は非常に少ない。わずかな例として普賢寺では有名な三尊式枯滝の前に、4.5mの伏石があり、また旧亀石坊には、亀石（長さ3.5m）と鶴石（高さ1.1m、長さ2.2m）の組み合わせがある。

普賢寺　室町時代

旧亀石坊　室町時代

　さらに検討を加えると、重森は金地院の鶴島の立石と横石の関係に衝撃を受けたに違いない。東福寺本坊の横石の原点はこの庭であろうか。金地院鶴島には三尊風の石(高さ1.3〜1.6m)がその背に立っている一方、横石の鶴首石は3.0mもあり、立石と横石がセットになっている。

金地院　江戸時代　鶴島の鶴首石と三尊石の組合せ

第二章　重森の枯山水はなぜ刺激的か

3・2 ── 平面造形の手法

　平面造形（地割）は、立体造形に比べて見落とされがちである。しかし、重森は単に石を立てるばかりではなく平面造形についても創作した。この平面造形という設計図（マスタープラン）があってこそ、重森独特の連続した立体造形が得られるのである。

3・2・1 ── 特徴的な重森の平面造形

　古典庭園の傑作は山裾のような恵まれた地形に作られているが、現代において、山裾や長い傾斜地に庭を作ることはほとんど不可能である。しかし、重森はこのような好条件に恵まれなくても、多島式・洲浜式・出島式庭園の創造により変化にとんだ庭を作った。

　重森にとどまらず、日本庭園の作者の多くがこの手法の影響を受けているが、明治、大正時代の庭を思い浮かべれば、その様式の違いは明らかだ。今日一般市民でも日本庭園を所有できるようになったのは、実に重森の新しい作庭様式によるものであろう。

❶ 多島式石組により現代枯山水の基礎を作った

　古典庭園は池泉に島を配置し、その護岸に石組をし、さらに島の中に三尊石、蓬莱山などを組むことによって奥行きのある立体造形を得ている。しかし現代においては、そのような好条件での作庭は稀である。そこで重森は、平地でも変化のある造形を得るために多島式の平面造形を創出した。例えば神話の島（蓬莱、方丈、瀛州、壺梁）や陣形、四神などを配置して、それらの島の中に石を立てることで意味のある立体造形が得られることを発見した。鶴島、亀島ではなく抽象的な島であるから、形も大きさも自由である。東福寺本坊、岸和田城、石像寺の庭は、この手法が用いられている。鶴亀島のある池庭から離れて、白砂に浮かぶ島に自由な形の石組が可能になったのである。

岸和田城　昭28　多島式平面造形（地割）による石組の立体造形

　東福寺本坊庭園が傑作である第一の理由は、枯山水の神仙島を創出し、自由な立体造形を可能にしたことである。

　古典庭園に代表される従来の庭は、鶴島、亀島のように限定された数の石組しか考えられなかった。しかし、こうした多島式石組手法によって、大きな庭においても多種多様で刺激的・連続的造形が可能になった。

多島式石組の事例は多く、東福寺の四神仙島に始まり、西禅院Ⅱでは10島にも及び、岸和田城では大将陣を含め9つの石組となった。田茂井家では浦島伝説のある地方にあるためテーマを四神仙島とした。その他、村上家、小倉家、旧重森家、芦田家、旧岸本家、深森家、松尾大社Ⅲでは三〜四神仙島を設けた。瑞応院（二十五菩薩）、漢陽寺Ⅰ（三十三観音）、織田家（日本列島）、光清寺（心字形）、石像寺（四神）などでは、さまざまなテーマに基づき、多島式石組とした。この手法は最初期から松尾大社Ⅲの遺作まで生涯を通じて採用された。

東福寺本坊　昭14　四神仙島

西禅院Ⅱ　昭28　10島

岸和田城　昭28　八陣

瑞応院　昭31　二十五菩薩

第二章　重森の枯山水はなぜ刺激的か

漢陽寺Ⅰ　昭44　三十三観音

田茂井家　昭45　四神仙島

石像寺　昭47　四神

❷ 洲浜式庭園

　海洋に囲まれたわが国の特徴ある風景を写した洲浜式庭園は毛越寺に代表されるが、重森はこの洲浜を枯山水庭園に導入した。この重森の洲浜手法の事例は、光明院Ⅰをはじめ多く見られるが、大変重要な手法なので238頁から項を改めて詳述する。

光明院Ⅰ　昭14

❸ 出島を左右から交互に配して奥行きを出す

　この手法の特徴は先の多島式石組のような、劇的な立体造形効果は少ないが、奥行きが浅い敷地での庭園に有効である。

　重森は昭和12年、春日大社Ⅱで遣水をデザインした。遣水については下の絵図に見られるような大和絵などを参考にしたと思われる。昭和15年に斧原家では曲水庭園で出島をデフォルメし、昭和28年に光臺院Ⅰでは左右からの出島を9つもデザインした。その後、昭和32年に前垣家では、次頁図に見られるように、互いに入れ違う2本の出島を作り、遠近法によって奥行きを強調している。この手法は出島と曲水を融合させたもので、横長の庭園に奥行きを与える効果がある。昭和46年の小林家では出島に青石を貼った。この手法の極致は遺作となった松尾大社Ⅱで、青石を貼られた3本ずつの出島が入れ違いになった曲水のデザインである。

法然上人絵伝（小埜雅章著『図解　庭師が読みとく作庭記』p96 部分）

春日大社Ⅱ　昭12

斧原家　昭 15

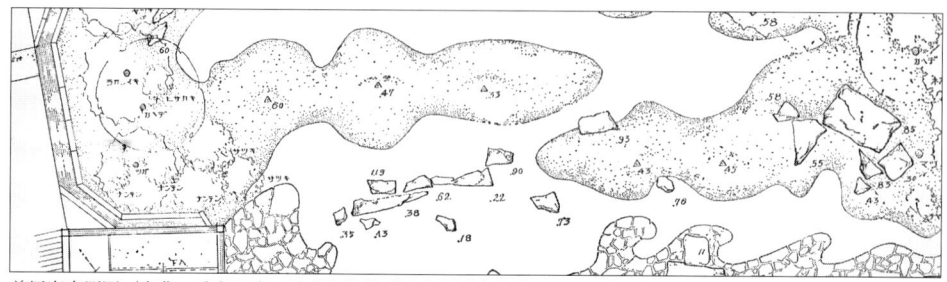

光臺院 I　昭 28

前垣家実測図（出典：重森三玲・重森完途著『日本庭園史大系 28』p82 部分）

小林家　昭 46　左右から入れ違う出島には青石が張られ豪華である

松尾大社 II　昭 50

❹ 洲浜と出島の意匠の混合型

❷と❸で洲浜のデザイン、出島のデザインによって、庭園に奥行きを出す手法について記したが、これはその混合型ともいえよう。手前に洲浜形敷石を敷き、その奥には出島を互い違いにデザインして奥行きを出す手法である。

北野美術館　昭40

深森家　昭45

芦田家　昭46

3・2・2 ── 洲浜模様の展開

　州浜式庭園については235頁で触れたが、ここでは、その苔地の州浜が発展し、軒内に敷石による洲浜が発生する過程を考察する。この手法は奥行きの浅い一般民家の庭に有効であったため、多くの個人庭で採用された。

❶ 洲浜形枯山水と軒下の直線状敷石

　昭和13年に毛越寺の庭園を実測した重森は、そこに干潟模様の洲浜があることを発見し、日本庭園の原点として、海洋風景を表す洲浜模様が重要であることを認識した。その成果が、昭和14年に作られた光明院Ⅰである（p235参照）。洲浜が取り巻くこの枯山水庭園こそ、洲浜式庭園とは池泉式であると考えられていた常識を一変させるものであった。

　その後、昭和24年に村上家で、光明院Ⅰの地割と類似の鶴亀蓬莱式の庭園ができた。一般民家に枯山水様式の洲浜形庭園が初めて出現したのであるが、さらに注目すべきは、丹波鞍馬石による直線状の敷石が軒内にデザインされたことである。

毛越寺　鎌倉時代

村上家設計図（設計図提供：村上家）

村上家　昭24　直線状の敷石

❷ 軒内の洲浜形敷石の発生

　村上家は田園地帯にあって、家屋の南側に比較的奥行きの深い敷地が確保されたので、建物の軒内には直線状の敷石が設けられ、庭園には洲浜がデザインされた。

　しかし、一般家庭ではこのような好条件に恵まれることは少ないため、重森は軒内の敷石を洲浜模様にすることを考えた。こうして、市街地の奥行きが浅い庭園でも、洲浜模様のある枯山水の庭を作ることが可能になった。

　昭和30年に前垣家で軒内に洲浜形敷石が設けられると、その影響は大きく、以降、多くの庭園に用いられた。昭和31年に旧重森家で洲浜模様の敷石が完成している。昭和32年には、岡本家で青石、織田家で棒状青石、越智家でセメントによる軒内のデザインが施された。以後、田茂井家、志方家、岸本家などでも採用された。

前垣家　昭30

旧重森家　昭45（洲浜形敷石は昭和31年完成）

岡本家　昭32

第二章　重森の枯山水はなぜ刺激的か　239

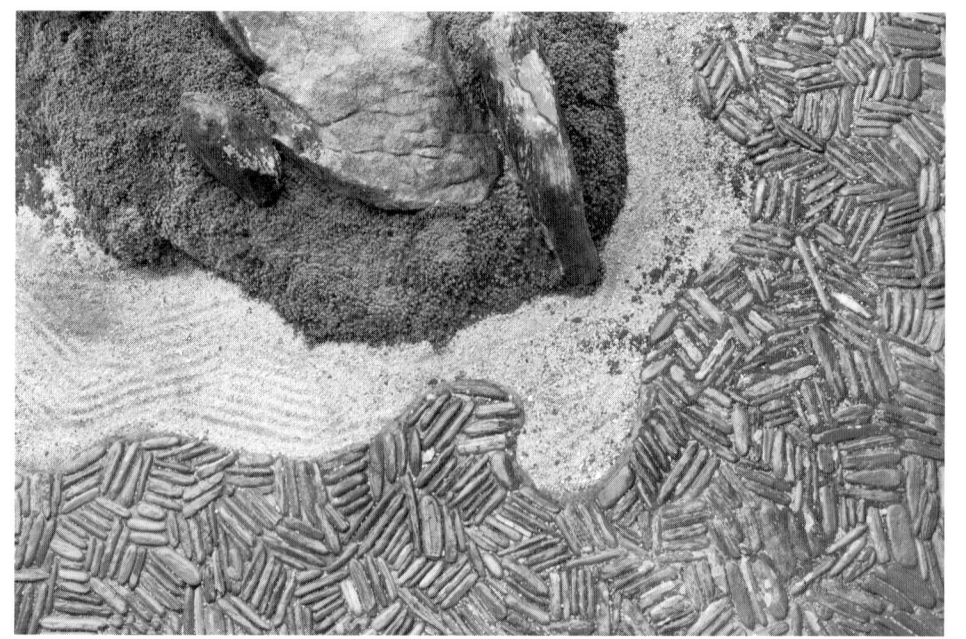

織田家　昭 32

越智家　昭 32

田茂井家　昭 45

志方家　昭 47

岸本家　昭 47

3・2・3 ── その他の平面造形の手法

これまで紹介した手法に比べると効果は目立ちにくいが、他にいくつかの手法がある。

❶ 凸部を突合せ緊張感を高める

重森は、洲浜や出島などの凸部を意識的に突合わせたデザインをした。北野美術館では手前の敷石の洲浜模様の凸部と、奥の出島の凸部を突き合わせ、緊張感を高めている。瑞応院では、雲紋の敷石と苔地の凸部を突き合わせて躍動する雲海を表している。

北野美術館　昭40

瑞応院　昭31

旧重森家　昭45

小林家　昭46　切石による敷石のデザインも凸部を突き合わせている

❷ 立石の硬さを和らげるために築山や野筋に苔を張る
　激しい石組のみではなく、苔で柔らかさを加え全体の調和を図った。

青岸寺 江戸時代

東福寺本坊 昭 14

小倉家 昭 26

瑞応院 昭 31

田茂井家 昭 45

❸ 出島の先端に灯籠や石を置く

　大胆にデフォルメした出島の先端に岩島や灯籠を置き、出島の長さをより際立たせる手法である。

　毛越寺、天龍寺の出島の先には岩島があり、桂離宮の出島の先端には灯籠がある。重森は初期の作品である東福寺本坊の3つの巨大な横石の先にそれぞれ小石を置き、遺作となった松尾大社Ⅱの6つの出島の先にもそれぞれ小石を置いた。その他にも斧原家で出島の先端に灯籠を立て、瑞峯院、北野美術館、小林家などで出島の先に岩島を置いた。

天龍寺　南北朝時代

桂離宮　江戸時代

東福寺本坊　昭14

第二章　重森の枯山水はなぜ刺激的か　243

瑞峯院　昭 36

❹ X 字状・環状の配石により三方・四方正面の庭が可能になる
　三方、四方から眺めても立体造形性が確保されるように、重森は X 字状、環状に石を配置した。X 字状は最も初期の春日大社 I で試みられ、その後、常栄寺でも採用された。環状の石組は岸和田城と漢陽寺Ⅲ「地蔵遊戯の庭」に用いた。

春日大社 I　昭 9　X 字状

常栄寺　昭 43　X 字状

岸和田城　昭 28　環状

漢陽寺Ⅲ　昭 44　環状

❺ 雲紋の展開

　洲浜模様と形は類似しているが、庭のテーマが雲に因んでいる場合は雲紋とした。雲紋の敷石を初めて試みたのは、昭和31年瑞応院であり、昭和46年には霊雲院Ⅱで二重雲紋が採用された。四天王寺学園では雲間から観音像が姿を現す敷石デザインを試みたが、この作品は従来の日本庭園の枠を超えている。興禅寺では雲海に覆われた枯山水に挑戦し、龍吟庵では黒砂の雲紋を採用した。そして、正眼寺では紫雲から観音が姿を現す様子を抽象した庭を作った。

瑞応院　昭31

霊雲院Ⅱ　昭45

四天王寺学園　昭38

興禅寺　昭38

龍吟庵　昭39

正眼寺　昭45

第二章　重森の枯山水はなぜ刺激的か　245

一休庭談：杉苔の美を保つ

　杉苔は重森庭園にとって欠くことのできないものである。重森庭園は角のある石と白砂、杉苔の三要素でできており、これらの素材は抽象的な造形物を作るのに有効である。重森は稜角を持つ石を傾けたり、一直線に並べたりして我々に緊張と不安を与える。

　一方、緑の杉苔は鮮やかな色彩と穏やかな感触で静寂と安定を与える。しかし、この杉苔は、薄い盛土、乾いた空気、直射日光という環境では育ちにくい。水を撒いても、草を引いても効果は少なく、数年で苔は枯れ、雑草が生えるか、むき出しになった築山が崩壊してしまい、施主は維持管理の熱意を失ってしまう。重森の庭の大半がこのような危機に瀕しているといえる。

❶ 日常の手入れ
①水やりは十分にする。
②雑草、ゼニゴケ、ハイゴケなどの駆除。手や鎌や熊手などで作業する。
③適度な日当たりが必要。日陰では枯れてしまう。
④細菌に弱いので必要な時は殺菌剤で消毒する。犬・猫・鳥などの糞尿、肥料中の尿素により枯死したときは貼り直す方がよい。
⑤丈が伸びて景観が悪くなった場合、3～5月の桜の咲く時期に地面すれすれに刈りこむ（新芽が出て景観が回復するまでには、しばらく時間がかかる）。

❷ EM菌散布により苔の増殖を補助

　EMとはEffective Micro-organisms（有用微生物群）の略であり、微生物が有機物を分解し、苔の胞子の増殖を促進するといわれている。

　京丹後市の田茂井氏は、この方法の熱心な推進者である。積雪が多く、しかも塩分が飛来する地方であるが、田茂井家の庭では苔は旺盛に繁殖をつづけている。

❸ 苔の移植

　まず除草し、苔を移植する場所を耕し、十分な散水を行い、泥をこね、苔を移植し、苔の上からたたき、泥と馴染ませる。

中田家　旧状

中田家　苔の移植後

第三章　重森をより深く理解する

石清水八幡宮

1──石組の奥義・秘伝

　重森の著書には作庭の要諦や古典の解釈が記されている。ここでは彼がよく引用する『作庭記』について見てみる。また、重森は作庭の基本的な態度として、「インスピレーションに従って石組すべき」と語っているが、この言葉には重森の庭園に関する基本的な解釈が秘められている。

1・1──作庭記に基づく

　例えばここでは島姿の様の中の霞形について例示する。
　『作庭記』原文は「霞形は、池のおもてをみわたせは、あさみとりのそらに、かすみのたちわたれるかことく、ふたかさねみかさねにもいれちかへて、ほそほそと、ここかしこたきれわたりみゆへきなり。これもいしもなくうゑきもなき白洲なるへし」とある。重森の意訳は以下にある。「霞形の中島は、浅緑の空に霞が立ち渡っているような姿であって、二重ねにも三重ねにも入れ違った形の島であることを示し、かつ又、この島には、白砂ばかりの島で、石も木もないことを語っている」（重森三玲・重森完途著『日本庭園史大系3』p22、p59。同様表現は No.4、p164 にも掲載）。

1・2──インスピレーション

　重森は、あれこれ思いめぐらし、時間をかけて組んだのでは面白い石組にならないと考えていた。重森は実測により古典庭園のすぐれた石組や彼自身の過去に組んだ石組が頭の中に去来するのを振り払って作庭したといわれている。
　「作者のインスピレーションのわくままに瞬間に石を組むことができるということは、抽象主義や象徴主義の石組には、まことに申分ない……。……もしこの場合に、作者が一石一石数時間を要するような態度で、入念に考えつつ石を組んだとしたなら、それはもう全然駄目である」（重森三玲・重森完途著『日本庭園史大系7』p112）。

1・3 ── 有機的な石の繋がり

平面的な枯山水庭園においては石の繋がりが最も重要な概念である。

❶ 重森の龍安寺解釈

重森は龍安寺を最も抽象化された鶴亀蓬莱の庭と解釈し、石組を関連させる小石の配石手法に驚嘆した。龍安寺のように三方を壁に囲まれた白砂の平庭は、重森が最も好む抽象的な庭園を演出することができる。しかし古典庭園には抽象性の高い庭は非常に少ない。その理由は作庭が難しく、世の中から受け入れられにくいからである。重森はこの龍安寺の庭を目標に終生挑戦し、抽象度の高い庭を残した。

重森が『日本庭園史大系7』p78で示した龍安寺庭園の図を、わかりやすく変更したのが以下の平面図である。重森が高く評価する配石手法を、この図を用いて解説する。

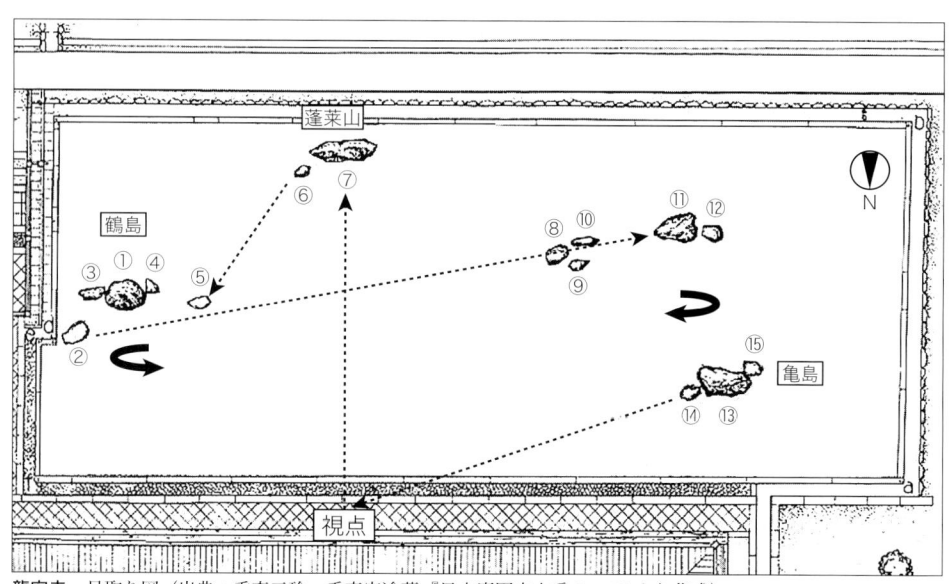

中央の小石による奥の石組への誘導を賞賛

龍安寺 見取り図（出典：重森三玲・重森完途著『日本庭園史大系7』p79より作成）

重森は「塀際にある⑦の前の方丈が視点であり、小石の②⑤⑥⑫により有機的な繋がりをもたせた究極の鶴亀、蓬莱の庭」である、と解釈した。具体的にはおおよそ以下のように記している（重森三玲・重森完途著『日本庭園史大系 7』p78〜80）。

①の石は本庭の主石で、向かって右へ傾斜させてあり、この石から全庭の配石に対して強く西（右）へ押し進める力を示している。この①〜⑤群を鶴島と解釈。
②の小石は玄関への接近をこれ以上進めさせないための遊石であり、非凡である。
③の小石は①の主石を西側に押す役割であり、たいした技術である。
⑤の小石は①の主石を西に誘導しつつ、⑧〜⑫への直列的配石を示す役割である。
⑥の小石は⑦の蓬莱山の流れを受けつつも、⑤の石に有機的につなげる役目を持っており、欠くことのできない急所を示していて傑出した手法である。
⑦の壁際の石は蓬莱山と考えられ、東（左）に流れていて、視線が⑥から⑤そして①の方へと移るようになっている。
⑧は⑨⑩の主石で横三尊石組となっている。
⑪の石は⑧⑨⑩を受けて西へ流す手法である。
⑫の石は一連の石の流れを受け止めながらも、逆に東側に押し返すように、頭部を東に傾けてあって、驚くべき手法である。
⑬〜⑮の 3 石は⑧〜⑫の方丈側の余白部が大きいため入れた。3 石の石組は観賞者の位置に還流させるように配置。この石組を亀島と解釈して、庭園は究極の鶴亀、蓬莱と解釈した。

全景　視点は室中の前であり、ここからは塀際の蓬莱山が正面になる

左図の小石②③⑤が重要な役割

左図の蓬莱山横の小石⑥の役割

左図の鋭い形の石⑫の役割

第三章　重森をより深く理解する

❷ 有機的石組の検討

　東福寺本坊方丈南庭では、三神仙島（方丈、蓬莱、瀛州）の立石を強調するため5.5mもの長大な横石を採用した。これらの石組で忘れてならないことは、各島が独立しているのではなく、有機的につながっていることである。以下に三神仙島の関連性について、写真上で小石を消してみて、その役割がいかに大きいかを実証する。

現状の石組　神仙島は左より方丈石組、蓬莱石組、瀛州石組。なお右側視野外に壺梁石組がある

小石を消した石組　方丈（左）、蓬莱（中）、瀛州（右）の各石組を関連づけている、小石①②③④を消すと、三神仙島間の関連性が失われてしまう。
さらに各石組の前にある⑤⑥を消すと写真のようになり、逆遠近法効果による奥行きも失われてしまう。

前垣家の庭は、白砂中の三尊石風の石組に重森の感性が十分に発揮された傑作である。この石組こそ、庭園を引き立たせている最も重要な部分だ。庭に動きをもたらすために、まず鋭い輪郭線の伏石を置き、それと調和させるかのように立石を組んだ。立石はやや右に傾斜して、奥にある三尊石組に向かっている。さらに、その右側に小さいながら立石を組んでいる。この立石の上面は台形状の鋭い端面を見せており、手前の伏石の欠損部分と呼応して、庭園全体を引き締めている。また、伏石の手前の左右にある2つの小石は逆遠近法効果があり、白砂の部分に馴染む捨石として欠くことができない石である。

前垣家　昭30

　瑞峯院では、主石は切り落としたような面で、怒涛のように押し寄せてくる激しい石の勢いを一身に受け止めている。庭の構成は、右手に石組をしており、東福寺本坊の初期案と同様である。庭の最大の特徴は凹凸の激しい横石の選択にあり、この特徴的な石は激しい修行を象徴している。水墨画的な具象性を備え、禅精神の「禅観の境」を表現している。

瑞峯院　昭36

2 ── 三要素を重森庭園にみる

　重森庭園が我々に与える感動の源は何であろうか。これまではテーマ、抽象、造形の三要素を別々に論じてきたが、ここでは総合的な評価を行ってみよう。

　テーマは庭園を作るうえで最も重要なものである。そして置かれた環境に応じたテーマを選択することが肝心である。陳腐で使い古された、もっともらしいテーマは、もはやテーマとはいえない。

　テーマが決まったら、次にその対象を抽象する。目に写るものを形にするのではなく、作者の心象を形にするのである。このとき、古典庭園や過去に自分が作った庭が脳裏をかすめてしまうが、そのような雑念は一切振り払い、作者の感性に従い抽象する。

　さらに抽象したイメージを具体的な形にするのであるが、それが立体造形であり、平面造形である。単に恵まれた地形、大きな石、高価な石、傾斜させる石組だけでは、材料を羅列しただけであり、すぐれた造形とはいえない。庭は、作者のインスピレーションに従った唯一無二のものでなければならない。

2・1 ── すぐれたテーマ

❶ 統一された複数の要素（大空間の庭の場合）

　傑作の庭とは、複数の独立した石組をもつが、全体として統制がとれた立体造形となっている庭である。連続した立体造形は単に大きな構造体であるだけではなく、意味のある個々の構造体の集合である。以下の3庭ともテーマの設定がすばらしく、そのテーマを抽象的に表現し、造形（立体かつ平面）も素晴らしい。

　東福寺本坊では四神仙島は独立して完成しているが、他の島との調和も図られている。

東福寺本坊　昭14　左より方丈、蓬莱、瀛州、壺梁の石組

岸和田城では周辺にある 8 つの陣形は独立して完成した石組である。しかし相互に調和が図られ、かつ中心の大将陣に統制されており、奥行きのある風景となっている。

岸和田城　昭 28　大将陣を中心として天・地・風・雲・鳥・蛇・龍・虎の八陣

　石像寺の青龍、白虎、朱雀、玄武の四神を象徴する石組は迫力がある。山上の磐座も隠れた主役だ。

石像寺　昭 47　山上の磐座から降臨した神は玄武、白虎、朱雀、青龍と回る

❷ １つの主題

　❶のように複数の要素を持たなくても傑作は生まれる。１つの主題であっても空間を支配していればよいのである。

　龍吟庵では、龍が１匹、庭園一杯に動いているような錯覚に陥る。石は多くはないが緊張感が充満している。庵号に因んだテーマ、すっきりした抽象、動きのある造形のいずれも好感が持てる。

龍吟庵　昭 39

　豊國神社は、秀吉が好んだであろう豪華絢爛な庭で、巨木の森に迷い込んだような気分になる。

　ややぎこちない硬さが感じられるのは、重森が述べているように、ここは国の特別史跡（大坂城跡）で、あらかじめ提出した図面通りに施工しなければならず、現場で感性に応じて作ることができなかったためである。それでもなかなか威風堂々としている。

豊國神社　昭 47

❸ 収斂する石組

　平面に多数の立石を配し、その中心石にすべての石が収斂する。以下の2庭にはいずれも多くの立石があるが、無秩序にあるのではなく、中心石の引力が強く作用している。重森としては珍しく安定した構成である。不安定さや緊張感からくる面白さではなく、安定感や安らぎがテーマとなっている。

　瑞応院では、「阿弥陀聖衆二十五菩薩来迎」がテーマとされている。中央に阿弥陀如来を、向かって右側には観世音菩薩を中心に17石、左側には勢至菩薩を中心に17石が組まれている。すべての石が阿弥陀如来に向かって肩を寄せ合い、充実した静寂の時間が訪れる。

　大きな庭ではないが好感が持てる。テーマ、抽象、立体造形とも完璧である。抽象度が高いのは、テーマが宗教に根ざした想像の世界であり、造形が具象性を帯びないからである。

瑞応院　昭31

　漢陽寺Ⅰでは、方丈南庭に枯山水庭園と曲水庭園が並存している。枯山水に曲水を組み合わせた唯一の例である。方丈南庭に水を通すのは、龍安寺の石庭が出現したのと同様に革新的である。流れの奥には、聖観音と三十三観音変化の様を表した石組がある。

漢陽寺Ⅰ　昭44

2・2 ── 地理的条件を活かす

❶ 限られたスペースに躍動的な石組

　開かれた場所に抽象的で緊張感のある庭を作る場合、彼はいかなる手法を採用したのであろうか。重森は自然界には接していても、自然界の縮景的手法は採用せず、反自然、超自然的手法を考えた。一カ所に集中的に石を林立させるやり方だ。小さな空間に石を高密度に林立させる。集中していても比較的小さな石なので煩雑さを感じることはなく、心地よい緊張がみなぎる。最近の住宅事情に適合する好例を見てみよう。

　斧原家の庭は、比較的狭い場所であるが、平面の造形と築山に作られた立体造形がうまく融合している。低い築山には、三尊石に寄り添うような鯉魚石をはじめ、多くの石が林立している。手前の平地には抽象的な枯曲水の流れがある。いずれも昭和15年とは思えない斬新な創作である。

斧原家　昭15

　井上家の庭も、昭和15年の作品。前年には東福寺本坊を作っており、そのときの充実した気概が溢れている。1m足らずの石で蹲踞（つくばい）の周りを囲い、聖域を創出する。

　小さな空間に禅の気風がみなぎった蹲踞庭園である。

井上家　昭15

　岡本家の庭には、書院から離れた塀沿いに小ぶりな石が集中して立つ。立石群と書院との間の余白には、鋭い形の舟石が悠然と走っている。この1石により緊張が走る。具象的テーマであるが、超自然の抽象世界が描かれている。

岡本家　昭32（写真提供：岡本家）

第二部　古典庭園と重森枯山水

❷ 狭い平面に抽象度の高い石組

　狭い土地では複数の主題を取り扱うと煩わしくなってしまう。したがって、シンプルな構成がよい。小さいことは短所ではなく、むしろ利点である。小さいからこそシャープな庭になる。重森は築山による立体造形ではなく、平面で単純明快な庭を創出した。

　前垣家の庭は、たった 13m² の小庭であるが大きな意味を持つ。三角錐状の石が天を衝いたように屹立しており、その石の横に欠損部が魅力的な石を直交させている。この石は立石に従属しているのではなく、独立していて、いわば即かず離れずの関係だ。

前垣家　昭30

　一方、奥には趣の異なった石がむこうを向いていて、今にも離れそうで微妙な関係だ。緊張感がありながら、全体として調和のとれた石組で、現代の建築に応用できる坪庭の傑作である。

　漢陽寺Ⅲの庭は、従来の庭園の概念にあてはまらない。杉村住職のお話では、夕暮れまでテーマに悩んでいた重森が、翌朝になると晴れ晴れした顔で「決まった」といったそうである。右奥の特異な形をした石を、童と手をつないだ地蔵菩薩に見立てた。全部の石を中心に向かって左側に傾けると、遊戯の輪が右回りに回りだす。

漢陽寺Ⅲ　昭44

　龍吟庵の庭は、大明国師の物語をテーマに作られた。中央の横石が、病に倒れた幼少時代の大明国師。左右の黒犬、白犬が国師を守っている。その左右3石ずつ犬に向かう狼、犬から逃げる狼を表す。開祖の庭として最適のテーマで、動きのある庭である。

龍吟庵　昭39

第三章　重森をより深く理解する　257

❸ 雛壇状の斜面に石組

　平地に枯山水庭園を作ることは難しいが、テーマ、抽象、立体造形の各条件を満たすならば、傑作を生むことができる。一方、雛壇状の土地に庭を作る場合は、立体造形を得やすいため、古典庭園は多くの場合このような地形を活用している。

　松尾大社の庭は、最後の作品である。重森の庭はすべて異なったデザインで、いずれも傑作であるが、この「上古の庭」は人生の総決算の仕事にふさわしい。

　石の組み合わせのみによる空間構成に神秘的な透明感があり、緊張がみなぎった高密度の大空間である。石そのものが生命を主張している。このように気迫のこもった庭が完成したのは、重森が松尾の神に対して畏敬の念を持っていたからである。もはや何の技法も必要ない。

　もしこの庭が平地にあったなら、怒涛のように押し寄せてくるこの迫力は生まれない。立石の周りに苔を植えたり白砂を敷いたりしたならば、このように純粋な迫力は生じない。

松尾大社Ⅰ　「上古の庭」昭50

　石組の最上部には松尾大社の祭神である大山咋神（おおやまぐいのかみ）、中津島姫命（なかつしまひめのみこと）を象徴した巨石2本が立つ。この磐座（いわくら）を象徴した部分は直立した2本の石が厳粛な雰囲気を醸し出している。一般的には同質の石を同等に組むことはないが、大山咋神、中津島姫命の男女神を同等と考えていたからだろう。一方、環状をなしている磐境（いわさか）部は打って変わって変化にとんでいる。神の庭の石が傾斜しているのは、左の写真にある楯築神社の、その強く傾斜した巨石からインスピレーションを受けたからだといわれている。しかし、傾斜していた石は現在では直立している。

楯築神社　以前の立石群（重森三玲・重森完途著『日本庭園史大系31』写真40）

2・3──動きを表現する

　岡本家の庭は、駐車場を兼ねた歩道を歩きながら観賞する。地形を活かしたユニークな庭だ。門から屋敷に至る細長い地形に横長の築山を設け、その上に連続的に石組がされている。中心にある三尊石に向かって巨石が競うように昇っている。右側の効果的な欠損石に動きがあり、左上の石は三尊石に向かって傾いている。すべての石が躍動的だ。

岡本家　昭41

　西禅院Ⅱの庭は、比較的小振りながら鋭い端面をもった紀州の青石により、軽快でシャープな庭となっている。背後が森となっている苔地の平面に10個の石組群があるが、小さな石が庭を動き回っているようだ。右下から中央の名号石に向かって、石が列をなしており、右奥の石も左の集団のうちの2石も横を向いている。それぞれ自由に動いてはいるが、中央の名号石が要になっており、分散と収斂がうまくバランスしている。

西禅院Ⅱ　昭28

　香里団地公園「以楽苑」は、蓬莱山石組が自由に組まれている。主石は重森の感覚で斜めに据えられ、その周りにそれぞれ異なった角度で躍動的に石が組まれている。四方正面の蓬莱山石組である。

香里団地公園　昭36　　　　　　　　同左　異なった角度の立石

第三章　重森をより深く理解する　　259

2・4 —— 龍安寺への挑戦

　重森は作品づくりにおいて、コピーを避けることを常に念頭に置いていた。そして龍安寺のように土塀に囲まれた四角い敷地に、15個の石をどのように配置するかを考えていた。

　重森は龍安寺の庭について下記写真の2つの丸い小石と壁際の小石が有機的な繋がりを持たせる重要な石と理解した（p248）。龍安寺との関わりを作庭順に見てみよう。

　昭和14年の東福寺本坊は、全国の庭園を実測した興奮状態がそのまま伝わるような気概に満ちた庭だ。現代の枯山水を作るべきだとの使命感に満ちた時代であり、龍安寺をさほど意識しておらず、オリジナリティー溢れる清新な庭である。

　昭和26年の小倉家は、塀に囲まれた敷地に苔地の三神仙島を配し20石を石組した。

　昭和27年桜池院で、龍安寺風に一直線に石を並べ緊張を高め鶴亀蓬莱の庭を作った。

　昭和27年石清水八幡宮に作った小さな庭は、有機的な石の繋がりを重視し、苔もなく完全な枯山水である。これで龍安寺方式は完成した。

　昭和38年に木曽山中にある興禅寺では、その風土に合わせ、本来水を象徴する白砂を雲海に見立てた。だが、それだけでは抽象性が弱く湧き上がる雲の象徴にならなかったので、考えついたのがモルタルによる雲紋であった。15石の繋がりに重点を置きつつも抽象的な雲紋を模索し、脱龍安寺を図った。一部に龍安寺風石組が残るが、広大な敷地に15石が躍動的に組まれている。

　昭和39年龍吟庵では、黒雲、白波をモルタルと色砂で表現、動きのある龍の石組とわかりやすい造形で脱龍安寺を図った。当庵の坪庭も同じ発想の庭である。

　昭和41年住吉神社では、海神に因んで大胆な波濤を抽象したが、石の繋がりが希薄になり海波のデザインに重点が置かれている。

　昭和42年以降の光清寺、常栄寺では苔の築山に重点が移っている。

龍安寺　室町時代

東福寺本坊　昭14　重森の代表作にして最高傑作

小倉家　昭26　自然に囲まれた山間の庭園であるが、板塀で囲まれた空間には自然を超えた自然が作り出されている。写真の左側石組は、龍安寺の左側石組、塀際の伏石は同じく龍安寺の蓬莱山に類似している

桜池院　昭27　山門を入ると一直線に並んだ石組が目に飛び込む。左下の石は、龍安寺右手前の石と、更に中央の富士山型の伏石は龍安寺壁際の蓬莱山と類似している

石清水八幡宮　昭27　右下小石、灯籠左下の小石は龍安寺の手法だ

興禅寺　昭38　龍安寺の数倍ある大空間を15石で埋めるのは至難の業だ。しかし石組は雲海の模様に呼応して躍動的に組まれ、動きのある龍安寺様式としてまとめられている

龍吟庵　昭39　黒雲、白波を黒砂と白砂で表した。石組は上昇する龍を具体的に表現した

住吉神社　昭41　祭神である海洋の神に因んで海を象徴した3本の波紋が書院に迫ってくる。石組の面白さはやや後退した

横山家　昭43　「心」字形の枯山水にするよう依頼され、苔地で「心」字を作り、その上に石組した

常栄寺　昭43　方丈側に大きな築山を設け龍安寺を意識して作ったが、方丈の床が龍安寺に比べ高いので石組を俯瞰する形になった。苦心して作ったが、石組の緊張感が伝わりにくい

第三章　重森をより深く理解する　　263

一休庭談：白川砂の輝きを取り戻す

　白川砂という名前は京都の北白川で産出したことに由来する。当初は神社の神殿や朝廷の広場で清浄無垢を象徴するための素材として使われた。禅宗が日本に入ってきてからは、龍安寺などの枯山水庭園に用いられるようになった。重森はこの白砂を処女作である重森生家の枯流れに使用したのを皮切りに、西谷家、四方家、春日大社Ⅱを経て、東福寺本坊と光明院Ⅰで使った。これにより彼の作風は完全に確立した。以後、終生白川砂を使用した枯山水庭園を作り続けた。

　では、なぜ重森は白川砂にこだわったのだろうか。多くの雑多な素材を使うと庭が具体的になってしまうが、白砂で海洋を象徴すれば全体が単純化され、石組の抽象的な造形のメッセージを強烈に主張することができるからであろう。
　現在は採取が禁止され、白川砂の入手は絶望的になった。
　白川砂は、もとが花崗岩が風化したものなので、細かな白砂は雨水による風化や凍結融解による粉化が進むのである。

　最近は茨城県や岐阜県で花崗岩を砕き、目的に合ったサイズの砂を使用できるようになっているが、元のような柔らかな薄ベージュがかった色の砂は入手困難である。もっとも、砂の粒子のサイズが選べるので庭園のテーマによっては荒々しい雰囲気を出すように大きめのサイズの砂を採用するケースもある。
　重森庭園において、白川砂がほとんどなくなっている庭もあるが、初期の庭の輝きを取り戻していただきたい。

白川砂の代用品を使用した例

西山家の旧状

白川砂の代用品を入れた

中田家

第四章　芸術家・重森三玲

当章では、枯山水庭園とは異なる、5つの分野における重森の芸術活動について見てみよう。

①重森は伝統的な庭園の概念を打ち破る庭を作った。すでに東福寺本坊にモンドリアン風の「市松の庭」、北極星をかたどった「北斗七星の庭」を作っているが、生涯新しいタイプの庭園を作り続けた。重森は特別に奇をてらって珍しいものを作ったというよりは、変形の地形であったり、石が廃物の利用であったり、テーマの抽象の結果生みだされたのである。例えば廃材としては東福寺本坊の「市松の庭」は勅使門に敷かれていた切石であり、「北斗七星の庭」は東司（便所）の余材であり、石清水八幡宮Ⅱの「鳩峯寮庭園」は台風で破壊された鳥居である。桑田家の6mもの横石は玄関大戸の敷石を使用し、強烈な印象の庭にした。このように偶然に廃材を利用することになった庭はいずれも独創的である。ここでは、一般的な日本庭園ではなくユニークな庭についてまとめて考察してみる。

②意外にも重森は豪華絢爛な池泉庭園も作っている。ここでは、それらの庭が池泉庭園になった背景を調べてみる。

③重森は茶室や露地も作った稀有な作庭家である。彼のお茶に対する考え方を知るために、西芳寺の龍淵水を原点とした独特な形の蹲踞について調べてみる。

④重森は石組や茶室の他にもたくさんのデザインを手がけた。切石や棒状の石による敷石、竹垣、網干模様、波連子窓、片身替り、襖や引き手などのデザインである。寺院や離宮、大和絵、漆工芸など目につくあらゆるものからヒントを得てデザイン化したが、ここにその一部を紹介し、デザイナーとしての重森を検証しよう。

⑤重森は約200余りの庭を作ったが、そのうち9庭は古典庭園の補修や復元である。これらの庭を見てみる。

1──重森の意匠

1・1──斬新なデザインの庭

　重森は、古典様式とは全く異なる概念の現代庭園を作った。東福寺本坊方丈の北庭は、オランダ人画家モンドリアンの作品「コンポジション」のようだ。雄大な構想の岸和田城、近代建築にも似合う前垣家の坪庭、庭園に彫刻を持ち込んだ住吉神社、色彩豊かな旧友琳会館、近代彫刻ともいえる天籟庵露地など、既成概念にとらわれない自由な造形がある。

東福寺本坊　昭14

斧原家　昭15

岸和田城　昭28

前垣家　昭30

四天王寺学園　昭38

興禅寺　昭38

住吉神社　昭41

旧友琳会館　昭44

漢陽寺Ⅲ　昭44

天籟庵　昭44

福智院Ⅰ　昭48

1・2 ── 重森の池泉庭園

　重森は枯山水庭園を好んだ。しかし、旧庭が池泉式である場合や水が豊富に噴出する所では、曲水式や池泉式の庭園を作り、護岸には積極的に石組をした。重森の枯山水庭園を理解するためには、彼が作った池泉庭園も見てみよう。

❶ 既存庭園が池泉庭園

　もともと池泉庭園があった場合には、池泉のまま補修、改修することが多かった。例示以外では安田家、香里団地公園、林昌寺、福智院Ⅱがある。

西禅院Ⅰ　昭26

西南院　昭27（重森完途著『日本庭園の思惟』p38）

光臺院Ⅰ　昭28　現在は涸池（写真提供：青木徹氏）

志度寺　昭37

中田家　昭44

正覚寺　昭45

半べえ　昭46

❷ 境内に豊富な水が湧出

　漢陽寺Ⅰ、Ⅱ、Ⅲは本堂の裏から潮音洞といわれる水が湧出している。この水を利用して「曲水の庭」「蓬莱の庭」「九山八海の庭」を作った。松尾大社では背後の山から霊泉が湧き、神亀の滝が落ちているので、重森は「曲水の庭」と「蓬莱の庭」を池庭とした。

漢陽寺の潮音洞

松尾大社の神亀の滝

❸ 施主の希望

　四方家は小川治兵衛設計で進んでいた庭園であるが、彼の死去に伴い重森が担当することになった。できあがった庭は小川風の池庭である。善能寺は飛行機事故で亡くなった方を弔うために作られ、施主が極楽の池を望んだのではないだろうか。

四方家　昭9

善能寺　昭47

❹ 特殊な事情

　当初は敷石の設計であったが、消防法の規定により3トン以上の貯水が必要であるため設計を変更して、水が溜まった状態の庭にした。

旧友琳会館　昭44

1・3 ── 重森の露地と蹲踞

❶ 茶室と露地

　重森は、庭園と同時に実に多くの茶室と露地を作った。作庭家は一般的な庭を作るだけで、露地はむずかしく、茶室を作ることはほとんどない。重森は古典を研究したからこそ、古典にとらわれることなく独自の美の世界を切り開いた。勉強して学んだことを、そのまま写さないのである。日本庭園の重要な部分は喫茶から来ており、茶庭こそ究められるべきだと考えていた。

　重森は露地についても、次のように革新的なことを述べている。

「元来茶亭や茶庭は、古く利休居士を始め、有楽や織部や三斎や遠州や少庵、道庵、宗旦、或いは又石州や薮内や宗偏や不白や、不昧に至るまで、ともかくその時代を代表する大茶人達が、自らの茶の湯の上の主義主張によって、各々創作したのであったが……。……古い時代の大茶人達の茶席や露地は、いずれもが創作であり、一つとして同じものは出現しなかった。それでこそ茶亭であり露地である。従ってこれらの当代の茶亭や露地の多くは、一種の写しであり、イミテーションであるから、茶道の本旨から考えると無意味であった」
(重森三玲・重森完途著『日本庭園史大系28』p27)。

　重森は19歳のとき、郷里に茶室を作っている。当時、重森は隣村の婦人に茶と生け花を習っていた。家に床はあったので毎日花は生けていたが、茶室がないので茶は家で楽しめない。それならいっそ茶室を作ってしまおうということになった。父に相談すると「お前が設計するなら作ってやろう」といったので、早速古書店で本を探し出し設計図を書いたのである。このときは常識的な知識にこだわらず、「真・行・草」の3つの床がある茶亭を作った。重森は庭についてばかりでなく、茶亭においても新しい試みをしたのである。

　重森は創意工夫された露地を作ったが、その最も顕著なものが、茶亭天籟庵を賀陽町(現吉備中央町)に寄贈したときに作った露地である。

　露地は利休以来、草庵寂莫の境地を表現する必要があるので、深山幽谷の体が最もふさわしいとされており、露地も多数の草木植栽を本位としていた。しかし重森は昭和30年に東家の露地で一木一草も用いず深山幽谷を表現し、天籟庵においては、全庭をモルタルの洗い出しのみの露地とした。また、移築場所が吉川八幡境内なので、八幡神が海神であることに因み、海波と土坡の地模様を思い切って抽象的に扱った。昭和29年の笹井家では曲水式の露地を作ったが、いかにも作庭家らしい露地である。増井家の露地は中潜りをもつ茶庭である。また敷石は香東川の棒状の石と五剣山産出の敷石とで二重の洲浜を作り出している。

　イサム・ノグチがパリのユネスコ本部に日本庭園を作るにあたって重森に援助を求めたのは、前述した通りである。この時に重森は越智家で建築中の牡丹庵にて茶室の作り方を伝授した。

　小河家Ⅱの露地はまさに重森流で、敷き詰めた青石の上に鞍馬石が高く打たれている。

天籟庵　大3　真、行、草の床

旧重森家　昭28　無字庵（写真提供：笹井家）

笹井家　昭29（写真提供：笹井家）

増井家　昭31

越智家　昭32

旧西川家茶室　昭41

小河家Ⅱ　昭38

第四章　芸術家・重森三玲　271

❷ 蹲踞の原点は西芳寺の龍淵水

　重森は蹲踞（つくばい）を、参禅する前に心身を清める場所と考えた。それ故、蹲踞の原点を鹿苑寺や慈照寺にではなく、両寺の原点である西芳寺の龍淵水に求めた。

　龍淵水は庭園観賞やお茶のためではなく、禅の修行のために作られた石組である。龍淵水は洪隠山と呼ばれる山裾にあり、龍門瀑近傍の坐禅石の横にある。そこには心身を清める泉が湧いており、この泉を保護するため、鏡石という巨石を擁壁としている。鹿苑寺にもその趣旨で作られたと思われる泉があったが、江戸時代に銀河泉と巌下水に分割してしまったので、今はそれを見ることはできない。一方、慈照寺の相君泉は龍淵水の形態が幾分残されているが、基本的には義政の喫茶の装置である。

西芳寺　南北朝時代　龍門瀑

西芳寺　南北朝時代　龍淵水正面の鏡石

重森は創作のない茶室や露地は無意味であるといい切っているが、各庭の蹲踞とも西芳寺の龍淵水を彷彿とさせる。昭和15年作庭の西山家、井上家に始まり、村上家、西禅院Ⅱ、小河家Ⅰ、臼杵家、小林家、天籟庵、旧重森家、屋島寺、福智院Ⅱなどの蹲踞の背後にある鏡石は、龍淵水そのものである。特に小河家では鏡石の背後に土盛りまでして西芳寺の龍淵水を再現している。また、各庭とも蹲踞を中心として、環状に配石した様は禅の気風がみなぎっており、一般的な蹲踞とは雰囲気が異なる。

井上家　昭15　西芳寺龍淵水風の蹲踞

増井家　昭31

小河家Ⅰ　昭35　西芳寺龍淵水と見まがう蹲踞

臼杵家　昭35

小林家　昭39

旧重森家　昭45

屋島寺　昭45

福智院Ⅱ　昭48

2 ── 各種のデザイン

　ここでは庭園の周辺部における新しい試みを見てみよう。デザインの原点は井田模様は岡山後楽園、切石の延段は桂離宮の真の飛石、網干模様は修学院離宮の欄干、棒状の敷石は保国寺雨落ち石、襖の市松模様は桂離宮、片身替りの意匠は琳派から着想を得たのではないだろうか。

❶ 観賞用テラス

　庭園は古来より建物から眺め、また回遊して観賞するものであるが、庭を社寺の建物から離れたところに作る場合、その庭を眺めるためのテラスや回廊を設けたのである。興禅寺においては庭が本堂に面しておらず、豊國神社も社務所から離れている。

興禅寺　昭38

豊國神社　昭47

❷ 井田模様

　重森は自然界には存在しない四角形、三角形をもデザインに採り入れた。

漢陽寺Ⅴ　昭48

福智院Ⅲ　昭50

❸ 波連子窓

　禅林の意匠であるが、重森は書院や茶室に採用し、動きのある景色にした。

龍吟庵の波連子　室町時代

小林家　昭39

第四章　芸術家・重森三玲

❹ 切石の延段

　玄関への延段には伝統的な手法を用いず、切石を使った。その源流は桂離宮の真の飛石にあると思われるが、重森作品に採用されたのは越智家が最初ではないだろうか。越智家の旧庭にあった自慢の大石を見つけるやいなや、イメージの湧くままに切って延段にしてしまったそうだ。その後、小河家Ⅰではインカ風の敷石を初めてデザインした。

西川家　昭41

越智家　昭32　門の内外

芦田家　昭46

❺ 網干模様

　修学院離宮の網干模様の欄干は、変化のあるデザインで、重森は様々な庭で応用した。

越智家　昭32

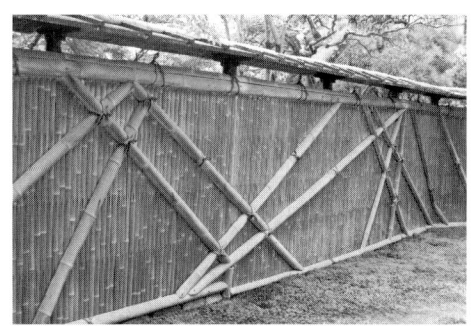

小河家Ⅰ　昭35

❻ 竹垣

　重森は、庭園を周りの景色から完全に遮断するよう模索した。人間の作った造形が周囲の景色に溶け込むのを頑なに拒否した。その手段の1つが重森デザインによる竹垣である。庭園のテーマ、庭園名、屋号などを図案化し、竹垣のデザインに用いた。特に有名なのは龍吟庵の雷雲と稲妻模様や、天籟庵に因んだ「天」、石像寺の「四神相応」の文字だ。一方、増井家、小河家Ⅰ、福智院Ⅰの竹垣はモザイクのようにブロックごとに竹の向きを変えた手の込んだデザインである。素材が竹のため長持ちしないという問題もある。

小河家Ⅰ　昭35

龍吟庵　昭39　雷紋

福智院Ⅰ　昭48

❼ 棒状の石による敷石模様

　棒状の敷石は増井家の雲門庵で初めて使用した。その原点は愛媛県西条市にある保国寺の雨落石であろう。青石では織田家で、見る者を圧倒する洲浜模様が作られた。

保国寺　愛媛県

増井家　昭31

織田家　昭32

小河家Ⅰ　昭35

北野美術館　昭40

❽ 額縁の構成

　窓枠を額縁に見立てて庭を眺めると、空や雑多な景色が視界から消え、想像の世界が広がる。その典型は茶室の躙口と連子窓からの風景だ。越智家では茶室、旧臼杵家、旧重森家、芦田家では書院からの眺めがこの額縁の構成である。

越智家　昭32

旧臼杵家　昭35

旧重森家　昭45

芦田家　昭46

第四章　芸術家・重森三玲

❾ 片身替りの意匠

　華やかで大胆な桃山文化の意匠が原点であり、尾形光琳、古田織部などの手法を参考にしている。庭園においては春日大社Ⅰや四方家で最初に用いられた。下図の四方家庭園では、白砂と苔地が斜めに分割され、それに直交して小竹が植えられている様子がよくわかる。続いて東福寺、西山家、桑田家でも用いられた。

春日大社Ⅰ　昭9　手前の白砂と奥の苔を斜めに区切る

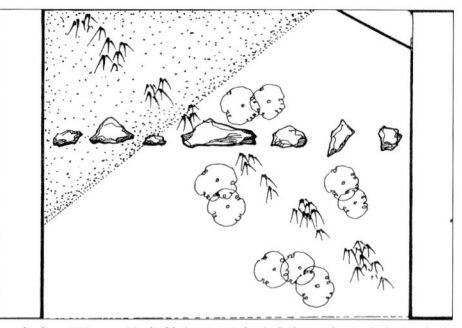

四方家　昭9　片身替りの坪庭（重森三玲・重森完途著『日本庭園史大系27』p111 部分）

東福寺本坊　昭14　南庭の五山を分断する

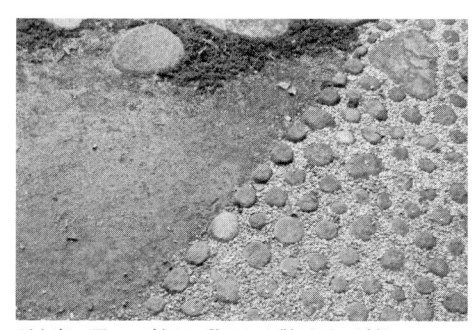

西山家　昭15　斜めに敷かれた鞍馬石の延段

桑田家　昭34　白モルタルが長く鋭い横石と交差しデザインに変化を与える

❿ 襖の意匠

襖絵に洲浜、水流、波を抽象してデザインした。一般的な茶室とは異なるデザインで鮮やかな色彩が特徴である。越智家の牡丹庵では大胆にも牡丹の花びらを拡大してデザインした。小河家Ⅰにおいては市松模様に月を重ね、明快な意匠を完成させた。裏側に水屋があるため、裏の意匠は華麗な流水模様とした。小林家の市松模様は桂離宮との類似を嫌い、斜めに仕切っており重森特有の片身替りの意匠といえる。旧重森家の好刻庵の襖には、デフォルメした波がダイナミックに描かれている。

越智家　昭32　白牡丹の花びらと銀と青の市松

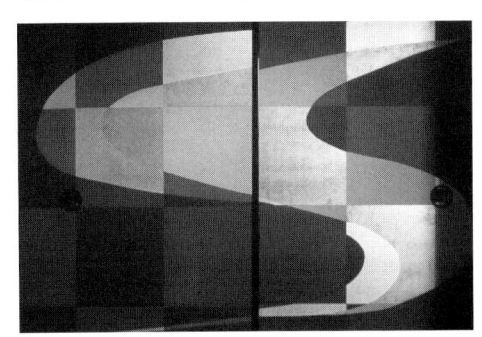

小河家Ⅰ　昭35　水屋側

小林家　昭39

旧重森家　昭45

3 ―― 復元・修復の庭

　重森は新しい創作庭園ばかりでなく、古典庭園の復元や修復にも努力した。古典庭園は重森の知識の源泉であり重要である。時代ごとの特徴を学んだ重森は荒廃した古典庭園を時代の特徴を示すように復元、修復した。

正伝寺　：もとは白砂に石が組まれていたが、調査の結果、石組を撤去した。
芬陀院Ⅰ：亀島を二重基壇とし、鶴島は伝雪舟作の常栄寺の鶴島風に組んだ。
普門院　：池周辺を修復した。
龍蔵寺　：護岸の修復をした。
医光寺　：護岸、枯滝を修復した。
真如院　：「都林泉名所図会」に基づいて移築復元した。
安国寺　：室町時代の枯滝を復元した。
宗隣寺　：護岸と池中の立石を修復した。
中田家　：鶴島の復元と池全体の護岸の修復をした。

正伝寺　昭9
芬陀院Ⅰ　昭14
普門院　昭14
龍蔵寺　昭31
医光寺　昭33
真如院　昭36
安国寺　昭40
宗隣寺　昭43
中田家　昭44

おわりに

　昨今の庭園ブームは、癒しを求める社会風潮、自然への回帰志向などが背景にある。重森が再発見されたことは好ましいことであるが、一時的なブームで終わらせてはならない。そのためにも重森の庭園をより広く、深く研究することはもちろんのこと、古典庭園の見直しも行い、さらに建築、造形など他の芸術分野からの庭園へのアプローチも試みられるべきである。今後、日本庭園を世界に通じる芸術とするためには、重森を総括して新たな視点で日本庭園を創造することが大切である。

❶ 重森の業績

　各分野にわたって詳細に論じてきたが、ここでは総合的評価を列記する。

①池泉庭園から独立した枯山水庭園の様式を確立した。多島式（神仙島、八陣など）、出島、洲浜により、奥行きと連続的な立体造形を得られるようにした。

②庭園にテーマを与え、抽象度の高い創作庭園を約200庭作った。

③池庭でなく枯山水庭園のため小面積での作庭が可能になり、一般家庭でも庭を持てるようになった。

④古典庭園の大半を実測し評価した。その成果を『日本庭園史図鑑』（全26巻）、『日本庭園史大系』（全32巻）にまとめ庭園研究の根本資料とした。

❷ 日本庭園の課題

　重森は現代日本庭園の手法を開拓したが、現代日本庭園の課題は以下の通りである。

①重森の手法を脱却していないのではないか。彼の最も嫌ったのは古典などの模倣、類型である。

②重機を利用し、造形物巨大化の傾向にあるが、小さくてもセンスのよい庭が求められている。

　日本には昔から坪庭（中庭）があったのだから、現代的な坪庭なども試みるべきだろう。

❸ 新しい形の日本庭園を求めて

　重森は古典庭園から、自然を抽象表現する手法がモダンであることを学び、その中から、現代における枯山水を確立し、開発した数々の手法を自作の庭園に展開した。しかし、重森の考え方と手法を模倣さえすれば、世界に通じる日本庭園を作れるだろうか。

　本書の目的は、あくまで重森三玲の「格闘」を記録、証明、考察することにあった。重森三玲を倣うべきであると主張しているのではない。重森の枯山水、デザイン、手法を、そのまま踏襲してはならない。重森に倣うべきは、「挑戦する気概」なのである。そして、自分としての重森三玲を確立しなければならない。

　ノブレス・オブリージュ（noblesse oblige）とは一般的に「高い身分に伴う道義上の義務」と訳されている。筆者はここでは「庭園を含む文化財を所有する者の維持管理への使命観、公開性への好意」と定義した。

　重森の庭園の所有者は公開の義務を負っているわけではない。多くの個人庭園は、家族や客が寛ぐために作られたものである。決して見ず知らずの他人の観賞のために作ったの

ではない。しかし、重森の庭園は日本の、いや人類全体の文化財である。価値ある文化財が塀の中に隠されているのではその価値も半減してしまう。可能な限り公開していただきたい。場合によっては撮影された写真の提供だけでもよい。

今回多くの個人のお宅を訪問し撮影許可をお願いした。従来の重森庭園は「大きな神社仏閣の庭」を中心として論じられてきた。しかし個人所有の家庭庭園にも日本庭園の本質があっていいはずである。日本庭園が特別の神社仏閣や豪邸にしか存在しないのであれば、それは文化とはならない。多くの個人所有庭園を撮影した理由はここにある。重森は、小さな家庭的庭園も多く作っている。これもまた重森の魅力である。

見ず知らずの筆者が居間や応接間から撮影したり、庭に降りて撮影したりすることを許していただいた。筆者を信頼してくださった所有者に心から感謝したい。これこそがヨーロッパでいう「ノブレス・オブリージュ」である。

こうした個人所有者のご協力のおかげで、「重森の原像」の一端でも明らかにすることができたと思う。重森三玲研究の礎となれば、庭園所有者ともども喜びたい。

謝　辞

筆者は約40年前、生家庭園の修理に訪れた重森三玲先生にお会いして以来、その人柄の魅力の虜になった。それからというもの先生の本を読んだり、庭園を拝見したりと、まさに師の影を慕っての旅をしてきた。日本学とも言うべき文化を求める旅である。筆者は化学会社に37年間勤務したが、一時も庭について忘れることがなかった。最後の10年間は重森先生の弟子である齋藤忠一氏を講師として、仕事仲間と京都に集うのが恒例となった。実地教育なので庭の面白さがよくわかった。退職後は重森先生が昭和7年に設立した「京都林泉協会」に参加し、先生に関する逸話や、庭園の見方を教えていただいた。

これらの経験から「重森全庭」を撮ろうと決意した。非公開の個人庭園の撮影はむずかしい点もあったが、重森先生に対する庭園所有者の篤い信頼があり、最終的には重森作品の写真公開に協力していただいた。改めて感謝する次第である。

これらの庭について筆者のホームページに掲載していたところ、京都林泉協会副会長でもある学芸出版社の京極社長の目に留まり、今回上梓の機会を得た。京極社長には原稿の段階から数多くのアドバイスをいただき、編集者と言うよりは共著者と言うべきである。また執筆過程で齋藤忠一氏、田中昭三氏から多くのアドバイスや推薦の言葉をいただいた。筆者の文章の拙さを補ってくださったのは、本書で紹介した井上家当主の井上真一氏である。井上氏との出会いがなければ今回の上梓は考えられないほどのご支援をいただいた。学芸出版社の永井美保さんには編集構成で大変お世話になった。

また、重森先生の肖像写真や設計図の掲載に関しては重森家から許可をいただき、イサム・ノグチの肖像写真掲載についてはイサム・ノグチ財団から許可を頂いた。ここに感謝をしたい。そして最後になるが、我慢を重ねて取材行脚をさせてくれた妻の蕗子にも感謝の気持ちを表したい。

本書掲載の古典庭園
○：公開、△：条件付公開、—：非公開

所有者	住所	電話番号	公開
朝倉氏遺跡	福井県福井市城戸ノ内町	0776-41-2301	○
阿波国分寺	徳島県徳島市国府町矢野 718-1	088-642-0525	△
永保寺	岐阜県多治見市虎渓山町 1-40	0572-22-0351	○
恵林寺	山梨県甲州市塩山小屋敷 2280	0553-33-3011	○
円徳院	京都市東山区高台寺下河原町 530	075-525-0101	○
小川家	島根県江津市和木町 165	0855-53-1213	△
桂離宮	京都市西京区桂御園	075-211-1215	△
願行寺	奈良県下市町寺内	0747-52-2344	○
観音寺	徳島県徳島市勢見町 2-19	088-652-2796	△
北畠神社	三重県津市美杉町上多気	059-275-0615	○
旧亀石坊（鬼丸家）	福岡県添田町英彦山 1346	0947-85-0026	○
旧玄成院	福井県勝山市平泉寺町平泉寺 56-63	0779-88-1591	○
旧秀隣寺（興聖寺）	滋賀県高島市朽木岩瀬 374	0740-38-2103	○
旧徳島城表御殿	徳島県徳島市徳島町城内 1	088-656-2525	○
旧政所坊	福岡県添田町英彦山	—	—
光前寺	長野県駒ヶ根市赤穂 29	0265-83-2736	○
粉河寺	和歌山県紀の川市粉河 2787	0736-73-4830	○
金地院	京都市左京区南禅寺福地町 86-12	075-771-3511	○
西芳寺（苔寺）	京都市西京区松尾神ケ谷 56	075-391-3631	○
酬恩庵（一休寺）	京都府京田辺市薪里ノ内 102	0774-62-0193	○
聚光院	京都市北区紫野大徳寺町 58	075-492-6880	△
常栄寺	山口県山口市宮野下	083-922-2272	○
神宮寺	兵庫県南あわじ市沼島 2523	0799-57-0029	○
青岸寺	滋賀県米原市米原 669	0749-52-0463	○
大仙院	京都市北区紫野大徳寺町 54-1	075-491-8346	○
退蔵院	京都市右京区花園妙心寺町 35	075-463-2855	○
大通寺	滋賀県長浜市元浜町 32-9	0749-62-0054	○
天龍寺	京都市右京区嵯峨天龍寺芒ノ馬場町 68	075-881-1235	○
東海庵	京都市右京区花園妙心寺町 61	—	—
東光寺	山梨県甲府市東光寺 3-7-37	055-233-9070	○
南禅院	京都市左京区南禅寺福地町	075-771-0365	○
二条城	京都市中京区二条通堀川西入ル	075-841-0096	○
深田家	鳥取県米子市車尾 5-6-22	0859-33-3445	○
普賢寺	山口県光市室積 8-6-1	0833-79-1223	○
普門寺	大阪府高槻市富田町 4-10-10	072-694-2093	△
保国寺	愛媛県西条市中野甲 1681	0897-56-3357	○
本法寺	京都市上京区小川通寺之内上ル	075-441-7997	○
松尾神社	滋賀県東近江市八日市松尾町 3-13	0748-23-1671	○
曼殊院	京都市左京区一乗寺竹ノ内町 42	075-781-5010	○
萬福寺	島根県益田市東町 25-33	0856-22-0302	○
毛越寺	岩手県平泉町大沢 58	0191-46-2331	○
頼久寺	岡山県高梁市頼久寺町 18	0866-22-3516	○
楽々園	滋賀県彦根市金亀町 3	0749-22-2742	○
龍安寺	京都市右京区龍安寺御陵下町 13	075-463-2216	○
龍源院	京都市北区紫野大徳寺町 82-1	075-491-7635	○
鹿苑寺（金閣寺）	京都市北区金閣寺町 1	075-461-0013	○

《参考文献》

重森三玲『日本庭園史図鑑』全26巻、有光社、昭和14年（完結）
重森三玲・重森完途『庭　作る楽しみ観る楽しみ』ダヴィッド社、昭和33年
重森三玲『庭　重森三玲作品集』平凡社、昭和39年
重森三玲『枯山水』河原書店、昭和40年
重森三玲『庭　こころとかたち』社会思想社、昭和43年
重森三玲『現代和風庭園　庭に生きる』誠文堂新光社、昭和44年
重森三玲『刻々是好刻』北越出版、昭和49年
重森三玲『日本庭園歴覧辞典』東京堂出版、昭和49年
重森三玲・重森完途『日本庭園史大系』全35巻、社会思想社、昭和51年（完結）
重森三玲著、重森三玲作品集刊行会編『庭　神々へのアプローチ　重森三玲作品集』誠文堂新光社、昭和51年

重森完途『日本庭園の思惟　生成と観賞の美学』日貿出版社、昭和45年
重森完途・齋藤忠一『探訪日本の庭』全12巻、小学館、昭和54年
重森㓛氏他制作協力『重森三玲』京都通信社、平成19年
重森㓛氏監修『重森三玲　モダン枯山水』小学館、平成19年
重森千青『京の庭』ウエッジ、平成15年
秋里籬島著／白幡洋三郎監修『都林泉名勝図会（上）（下）』講談社、平成12年（完結）
稲次敏郎著・写真『庭園倶楽部　日本庭園の「ありやう」を求めて』学芸出版社、平成7年
金子裕之編『古代庭園の思想　神仙世界への憧憬』角川選書、平成14年
川瀬一馬著・名鏡勝朗撮影『夢窓国師禅と庭園』講談社、昭和43年
河田晴夫編著『松尾大社造園誌』松尾大社社務所、昭和50年
京都林泉協会編『推奨日本の名園』全3巻、誠文堂新光社、昭和46年
京都林泉協会編著『日本庭園鑑賞便覧』学芸出版社、平成14年
黒田智子編『近代日本の作家たち　建築をめぐる空間表現』学芸出版社、平成18年
小口基實『庭と文化とその心』小口庭園グリーンエクステリア、平成11年
小埜雅章監修『京の庭師と歩く　京・近江・大和の名園』平凡社、平成16年
小埜雅章『図解　庭師が読みとく作庭記』学芸出版社、平成20年
齋藤忠一・大橋治三編『日本庭園鑑賞事典　新装普及版』東京堂出版、平成10年
齋藤忠一『図解　日本の庭　石組に見る日本庭園史』東京堂出版、平成11年
齋藤忠一監修・田中昭三取材・文他『「日本庭園」の見方　歴史がわかる、腑に落ちる』小学館、平成14年
齋藤忠一監修・田中昭三取材・文他『よくわかる日本庭園の見方』JTB、平成19年
田中昭三『日本庭園を愉しむ　美はどこから生まれるのか？』実業之日本社、平成14年
田中昭三『京都とっておきの庭案内』小学館、平成19年
玉村竹二『夢窓国師　中世禅林主流の系譜』平楽寺書院、昭和33年
田村剛『作庭記』相模書房、昭和39年
外山英策『室町時代庭園史』岩波書店、昭和9年
ドウス昌代『イサム・ノグチ　宿命の越境者』講談社文庫、平成15年
中村文峰著・井上博道写真『夢窓国師の風光』春秋社、平成10年
西桂『兵庫県の日本庭園　歴史と美を訪ねて』神戸新聞総合出版センター、平成16年
野村勘治解説・大橋治三撮影『日本庭園・鑑賞ガイド』婦人画報社、昭和62年
野村勘治文他『旅に出たら寄ってみたい庭30』小学館、平成9年
飛田範夫『「作庭記」から見た造園』鹿島出版会、昭和60年
飛田範夫「洛中洛外図屏風(歴博甲本)のなかの枯山水」『日本美術全集』11 禅宗寺院と庭園、講談社、平成5年
飛田範夫『日本庭園と風景』学芸出版社、平成11年
飛田範夫『庭園の中世史　足利義政と東山山荘』吉川弘文館、平成18年
森蘊『「作庭記」の世界　平安朝の庭園美』NHKブックス、昭和61年

◆著者略歴

中田勝康（なかた・かつやす）

1941年長野県松本市に生まれる。1965年信州大学工学部卒業。会社勤務の傍ら古代史に興味を持ち、故原田大六先生に師事。その後、故重森三玲先生を知り、その愛弟子の齋藤忠一先生より日本庭園の見方について薫陶を受ける。
現在、各団体の庭園講座講師を務める他、ホームページにて日本庭園記事を執筆（URL: http://muso.to/）。写真掲載に『夢窓国師の庭』「週刊日本庭園をゆく」No28（小学館、平成18年）、『よくわかる日本庭園の見方』（JTBパブリッシング、平成19年）など。

重森三玲　庭園の全貌

2009年 9月20日　第1版第1刷発行
2018年10月20日　第2版第1刷発行

著　者………中田勝康
写　真
協　力………井上真一
発行者………前田裕資
発行所………株式会社 学芸出版社
　　　　　　京都市下京区木津屋橋通西洞院東入
　　　　　　電話 075-343-0811　〒600-8216
　　　　　　http://www.gakugei-pub.jp/
　　　　　　E-mail info@gakugei-pub.jp
装　丁………上野かおる
印刷・製本………シナノパブリッシングプレス

Ⓒ 中田勝康 2009　　　　ISBN 978-4-7615-4089-0
　　　　　　　　　　　　Printed in Japan

JCOPY 〈(社)出版者著作権管理機構委託出版物〉
本書の無断複写（電子化を含む）は著作権法上での例外を除き禁じられています。複写される場合は、そのつど事前に、(社)出版者著作権管理機構（電話 03-3513-6969、FAX 03-3513-6979、e-mail: info@jcopy.or.jp）の許諾を得てください。
また本書を代行業者等の第三者に依頼してスキャンやデジタル化することは、たとえ個人や家庭内での利用でも著作権法違反です。

日本庭園鑑賞便覧
全国庭園ガイドブック
京都林泉協会 編著
四六判・264 頁・本体 2400 円＋税
【内容紹介】　日本の美的要素のすべてがつまった庭という空間を、いかに愛で、理解するか。70 年をかけて全国の庭園を歴覧してきた京都林泉協会による、鑑賞のための知識を網羅した愛蔵版。地割、石組、垣根、燈籠、石造品、古建築など、構成要素のすべてを解説する。全国1300件の庭園一覧、関係年表、文献目録等研究のための資料も充実。

図解　庭師が読みとく作庭記・山水并野形図
小埜　雅章 著
四六判・268 頁・本体 2500 円＋税
【内容紹介】　日本庭園愛好家や造園関係者に好評を博したロングセラー『図解　庭師が読みとく作庭記』をバージョンアップし、『山水并野形図』を新たに増補。独自の段落分けとわかりやすい小見出し、作庭経験を踏まえた現場で使える図解・訳注で、従来の抽象的な解釈を超えた、秘伝書の読み方を提示。日本庭園史の二大古典をこの一冊で。

桂離宮・修学院離宮・仙洞御所
庭守の技と心
川瀬　昇作 著　仲　隆裕 監修
A5 判・160 頁（カラー 48 頁）・本体 2500 円＋税
【内容紹介】　日本庭園の四季折々の表情は、多くの人々に賞賛されてきた。その美しさはどのような技術によって形成され、保たれているのか。40年にわたり宮廷庭園（桂離宮、修学院離宮、仙洞御所）の造園技官を務めた著者が、脈々と受け継がれる技術を明らかにしながら、心を揺さぶる写真とともに、自然の美を表現した庭園の魅力に迫る。

日本庭園を世界で作る
福原　成雄 著
A5 判・192 頁（カラー 16 頁）・本体 2400 円＋税
【内容紹介】　イギリス、中国、フランス、それぞれの国でそれぞれの場所にふさわしい日本庭園を作る。クライアントの意図を汲み、調査して構想を練り、設計し、材料を探すという計画の段階から、施工実務、現場でのコミュニケーション、完成後のメンテナンスに至るまでを、海外作庭経験豊富な著者がつぶさに記す。英国内日本庭園リスト付。

図解　ここが見どころ！古建築
妻木　靖延 著
A5 判・124 頁・本体 2000 円＋税
【内容紹介】　春日大社、法隆寺、桂離宮…誰もがその名を知っている古建築の「見どころ」だけを、時代の流れにそって、完全図解。専門用語にはすべて振り仮名を付し、実際の見学の順番に沿って解説しているので、建物の特徴と「意味」が具体的に学べる。「見どころ」がわかれば楽しさ倍増。本書を片手に、もう一度、古建築を見に行こう！